Keijiro Suga

本と貝殻

書評／読書論

本と貝殻

書評／読書論

管啓次郎
Keijiro Suga

コトニ社

本と貝殻

書評／読書論

目次

III

読売書評　2012―2013

IV 四つの解説、対話ひとつ

本と貝殻

書評／読書論

Keijiro Suga

本と貝殻

本と貝は似ている
どちらも硬い外骨格が
沈黙する内部を守っている
しばしば美しい色をしている
かたちもさまざま
だが大切なのはあくまでも
中に潜むみずみずしい肉だ
肉は読まれることで成長し
ときには殻を脱ぎ捨てて
別の殻へと引っ越す
大きくなるばかりではない

小さくなり多数化することもある
知らない海に投げこまれて
別の紋様を手に入れることもある
耳をすませばふつふつと
聞き分けられない言葉を話している
オレンジやピンク
緋色やむらさき
茶色に灰色に緑色
二枚貝もあるし巻貝もある
あるときには波に洗われ
忘却にむかって流されていく
あるときには突然決意して
上陸を試みることがある
意識の明るみへ
きみが読むことで
本はその殻からそっと出てくる

きみが心で呼びかけたとき
生身の貝が蓋を開けるように
どちらも生きた果実だ
どちらも生きた知識だ
どちらもひとりひとりの人間を
はるかに大きなものへとつなげてくれる

いつかヤポネシアのある島で
人のいない海岸に出てしまった
南からのおだやかな波が寄せて
磯と磯のあいだに半月状の
砂浜がひろがる
歩き出してぼくは
自分の目を疑った
そこに小さな本がたくさん
一面にばらまかれているのだ

人さし指の爪くらいの大きさだったり
親指ほどの大きさだったり
そんな豆本が砂に半ば埋もれながら
ひらひらとページをはためかせている
まるでシジミチョウの群れがいっせいに
羽を風に遊ばせるように
貝殻の海岸が書物の浜になって
知識と認識を
心のうつろいを
ここに引きとどめている
道を見失ったきみはヤドカリのように
この浜辺に来るといい
きみにぴったりの貝殻が
ここで必ず見つかるから

I

読むことにむかって

立ち話、かち渡り

読むとはどういうことなのかについてはこの半世紀くらいずいぶん考えてきたが、考えたからといって実際に読むのが上達するわけではなく、いまも読むという人間にとってはそもそも過剰な行為を迷いつつ日々実践しているのだった。そういうことで一切悩まない人はたくさんいるだろうが、ぼくはそれですませることができなかった。それはひとつには〈自分〉と呼ばれている記憶の束が読むことからいつも大きな影響をうけてきたと自覚しているからで、自分の記憶を大別すると現実に体験したことと想像したことに分かれ、その想像のほうの土台にあるのは読むということで読まなければ思いも考えもしなかっただろうことはたくさんある。

読めばたちまち心が変わる。記憶の地形が変わり、態度が変わる。読むのはけっして本に限ったわけではなく雑誌でも新聞でも冊子でもちらしでも電子媒体でも映像内の文でも文字に記された言語に出会えばそのときから読むことははじまっていて、ある程度のまとまりをもった文字ならその文字の並びだけが教えてくれる何かがあるのがむしろ普通で、それを手がかりとして情報にも情緒にも接近し別の行動に駆り立てられたり落とし穴に落ちたりすることも当然の結果としてあった。

そうはいっても「本を読む」ということを何か特別な行為、「本」という実在物を何か特別なものと考えるのを自明のことと思う人はまだまだ多く、ときにはその無根拠な思い込みが何か信仰に近いものになっているのを感じてとまどうことがある。ぼくが一九九七年にウェブ媒体に書いたエッセー「本は読めないものだから心配するな」では、本に冊という単位はないこと、人はそのときの自分が読めるだけのことしか読まない読めない読みそこなう読もうとしない読むことを知らないということを記したつもりだったが、この「つもり」もそれから二十四年も経過したいまとなってはどうにもあやふやだ。しかしその文章ではもうひとつ「読んだことを忘れるのはあたりまえ」という不滅不敗の真理も主張されていて、それだけでも励まされる人がいると思うとなごやかな気持ちになれた。それに励まされるということ自体が、そもそも日常的・継続的に「本を読もう」という意志の現れで、それを共有しない人には、まあ、何をいってもはじまらない。

本とはおよそあらゆる内容・長さ・形式・文体・たたずまいのものでありうる以上、「本一般」に関して「本を読む」という行為をうんぬんしても別に意味はない。しかしひとたび読書人たらんことを志して少年（この語はジェンダーフリーで使いたい）時代のある日に自分の部屋を出て以来ずっと旅がつづいていると自覚するみなさんには、どのような本の話をここでしているのかはおのずから明らかだろう。本と呼ぶべき本。そして以下に述べたいのは本の読み方における二つの態度のことで、とりわけ学生諸君には少しはヒントになるのではないかと思う。

読みたい本はいくらでもある。それは当たり前のこと。しかも一冊の本の先には枝分かれした道のむこうにたちまち数十冊の本が待っている。本を読むのには時間がかかる。本を「読んだ」とよく人は口にするが、そもそも一度読んでおしまい、これで読み終えた、といえる本なら別に最初から読むこともないわけだ。本というものの空間的な構造を考えるならそれには入口があって出口はなく、いったん入ってしまえば生涯にわたってその中のどこかに自分がいてその本を読みつづけている、というのが実際だろう。ただそのときどきの意識のどれくらいの深度のところにその本の空間が位置しているかというだけのことだ。そして自分の意識にはさまざまな本の空間が重なりあい溶融しあって、いわば輪郭のはっきりしない毬藻かくらげのようにふわふわと浮かんでいると思えば、意識とはどんな海か湖かということを考える手がかりにもなる。

そこに石のように本が投じられる。その波紋が大きければ大きいほど、深く沈めば沈むほど、いい。いや、「いい」といったが、波紋が小さくても、軽石のように水面にとどまりそのままどこかに流されてゆこうとも、それもいい。大きい発見、小さい発見。大きな、強い認識、小さな、弱い認識。どれもがそのつどの最適なかたちできみを育ててくれる。

人間の生涯の短さを考えるなら事実上無限にあるといっていい本を真剣に読もうと思ったら、どの本を読みどの本は読まないという境界線をきちんと引かなくてはならない。が、これはじつにむずかしい。一見まるで無関係な何かがつながってくるときほどおもしろいことはないし、知識や認識のそんな自己発展を楽しみそれに助けられるためには日頃から自分に無縁だと思える分野の本にも少しは接触したほうがいい。大書店に行けばそれはたやすい。いや、大書店だろうが小書店だろうが、棚に並んだ本はひととおり見るということを習慣にしている人もいる。わが先師、西江雅之先生はそうだった。しかしここでいう「見る」は一瞥でありスキャンであって「異常なし」と思えたらそれ以上に手にとることもない。手にとるのはすでになんらかのひっかかりが生じたものであり、手にとってページをひるがえす時間には差があるのが当然で、買って持ち帰るまでにはまた何段階もの判断が重なっていることだろう。

ともあれ本（形式にかかわらず読むべき対象の総体を仮にこう呼ぶ）は増えることを好み、時間が限られたわれわれの生活の中では本との付き合い方を考えておくのもいいといおうとしてこれを書いているわけだ。世界的にもっとも有名な日本語著者のひとりである近藤麻里恵さんにきわめて理にかなった片付け方を教わるのもいいが、それと並行して本に接する方針を定めておくのも役に立つ。そう思ってここでは二つの態度をしめしておこう。当研究室の秘伝としたいところだが、知的な気前のよさはわれわれのモットー。

読書の本質は再読にあり、再読、三読しなければ何もわからず、その回数が「n読」にいたるならそのような対象となる本が何冊かあるのは読書人生にとって非常にいい。幸運なことだ。良かれ悪しかれ、そのような数冊がわれわれの知的な輪郭を決めてゆくだろう。多すぎてはいけないし、全体を満遍なく読む必要もない。それでもほぼ全容をつかんでいると思える本が数冊あれば、それは道なき荒野に出かけてゆくためのベースキャンプとなる。問題はそのような徹底的なつきあいをしない本たちとの交流にある。そのためにここで提唱するのは「立ち話」と「かち渡り」だ。

立ち話について。本を冊という単位で考えるな、本を擬人化するなとは何度となくくりかえしてきたぼくの基本的な考え方だが、ここではそれをあえて裏切る。知らない本たちのことを知らない人間のごとくに考えてみるのだ。未知の人は多い。だが生活空間で何度もすれちがううちに顔見知りになったり時には言葉を交わすようになったりした相手もそれなりに多いだろう。本についてもまったくおなじことがいえる。はじめは噂話で名前を聞く。ついで背表紙や表紙を見かけ、存在を認識するようになる。あるとき偶然に話をすることになる。街角や駅での立ち話。時間は三分でも十分でも。現実生活において、そんな経験はないだろうか。毎日のように顔を合わせていても、何を話したかまるで覚えていない相手もいる。逆に数年前、駅の雑踏でばったり会い、三分間だけ立ち話をしたその内容が強烈に記憶に残っているのみならず、その後の考えや行動に大きな影響を与えた人もいる。

本もおなじことで手元に所有して持ち馴染んでいる本以上に、図書館でぱらりと一パラグラフだけ立ち読みした本のほうが実践的に役に立っている場合は、しばしばある。偶然の遭遇が最大限に生きてくる、そんなことが、知識の有機的な発展を左右するのだ。しかしページが閉じたままでは何も起こらない。本を手にとる、1ページをランダムに開く。一瞬の閃光のような「閃き読み」をする。まずはそんな習慣を勧めたい。本と積極的に立ち話をしよう。それはこの世の暗闇を歩いてゆくための、小さな光を与えてくれる。そしてたとえ「この本を熟読することは自分にはないかもしれない」という諦念とともにではあっても、本との一期一会を祝うには、これ以外のやり方はない。と書いてみて、堀田善衞がたぶん『若き日の詩人たちの肖像』に記していた、どんな本でもぱっと行き当たりばったりに開いてみるとそのページに何かいいことが書かれている、という（ような）言葉を思い出した。それはよい楽天主義で、改めていうまでもなく書店という場では多くの人が実践していることだ。

かち渡り。本には読みたいけれどなかなか読めない本がある。最大の理由は自分の力のなさで、力量に対して大きすぎる本を選んでしまうせいだろうか。しかしどうしてもあたりをつけておかなくてはならない本は次々に登場し、ほんの少しでもいいから、断片でもいいから、その本のことを知り（はじめ）たい、と思うこともあるだろう。大学図書館に行くとそういった本がたちまち千冊は見つかるが、その千冊をこの生涯で自分が本当に読むことはないことも知っている。

だが中にはこの一冊は絶対に学びたい、何かをそれから摑みたいと思うものがあるだろう。そんなときにやるべきことはひとつ。足場を作ることだ。きみはいまその小川の手前に立っている。ともかくその流れを徒歩でわたり向こう岸にゆきたい。川幅を3メートルとして、両手でもちあげ放り投げられるくらいの石をいくつか投げ込み、それを伝い歩けば足をぬらさずにすむ。いや、そんなにうまくいくものだろうか。流れがけっこうな速さのときには、リスクも大きい。足を濡らすことは覚悟して、せめて滑って転ばないような足がかりを求めて、やはり石を投げ入れてみる。この基礎作業を、読書においてもやればいい。前後なく脈絡なくページを開いて、少しでも飲みこめるところがないかを探す。齧ってみる。そこに踏み石を投げ込む。ひとつの踏み石の大きさは1センテンスでも半パラグラフでもいい。大小があっていい。ぐらぐらしていてもいい。300ページの本なら、そんな石を百個も投げこめば、いよいよ頭から通読する準備ができたといっていいだろう。川をわたる準備が整ったといっていい。目標は、あくまでも向こう岸にわたること。途中の流れや水音やそこに住む生物やあたりの景色や空の色まで楽しむ余裕はないだろう。それでいい、とにかくわたってみること。するとわたり終えたときに、自分がすでに不可逆的な変化を経験したことがはっきりとわかり、たったいま決行したばかりのわたりを今後何度でも必要があるだけ/心ゆくまでくりかえしていいことも自覚できる。

英語でfordという単語は、名詞としては川の浅くなった部分を意味し、動詞としてはそこを徒歩でわたることを意味する。あるときからぼくは「本をfordする」という言い方を自分で開発し、実践するようになった。大学院生の時代に身につけた最大の技術はそれかもしれない。川がある、わたらなくてはならない。わたれるところを探せ、足がかりを作れ。恐れるな。最適のルートを発見しろ、石を投げこめ。そして心を決めたら、わたれ。今日わたれ、明日はない。Just ford it! 読みわたれ。それは覚えておけば、きみにもいつか役立つかもしれない言葉だ。

本のエクトプラズム

図書館には本がたくさん並んでいる。びっくりするのが当然だ。物としての本は、他のどんなものにも似ていない。強烈な存在感がある。それに怖れをなして図書館という場所を敬遠する人がいるのもわかる。でも本を回避するのはばかげている。それはたとえば木を伐るのに斧を使わないとか、水を汲むのにどんな容器も使わないというのとおなじレベルの話だ。川をわたるのに舟を使わずに泳いでいこうとか、遠い道をゆくのに車を使わずに歩いていこうとか(まあ、そうするのが好きな人もいるかもしれないけれど)。なぜなら本は道具であり、乗り物であり、手段だからだ。あるいは近くのものを見るのに眼鏡を使い、遠くのものを見るのに望遠鏡を使うように、一種の光学的な装置として本を使うこともできる。どういうことか、ちょっと考えてみようか。

ヒトの言語とは、そのときその場にないものについて語るために発明されたものだ。あっちの森にゆけば木の実がとれるよ。こっちの川には良い魚がたくさん住んでいるよ。それから数万年のあいだに、音声の並びだけでよくこれだけのことが言い表せるようになったものだが、すべてはこのレベルからの延長上にある。時間と空間を隔てたどこかにある物、どこかで展開している出来事、それらについて語るのが言語。そして言語をとどめおくために文字が発明され、そのときからヒトの知識と心はまったく別の段階に到達した。以後、われわれはそれでやってきた。自分が生きているそのときその場を、遠い時空とむすびつけ。経験や推測により蓄えられてきた知識を、文字により共有して。その共有のもっとも完成されたかたちが本だ。書物だ。文字を記した紙のかたまりだ。本に感謝しよう。

本というかたちがいかに完成されたものであるかは、少しでも実際に本とつきあえばわかる。デジタル情報の時代になっても、無数のデジタル情報はあくまでも書物の延長ないしは補足として役立つだけであり、その核には（たとえ見えなくても、ボディレスの状態でも）本がある。言語情報そのものはあらゆる素材についてひろがりからみあい一種の雲のようなものとして地表をおおいつくしているが、その茫漠としたひろがりはそれだけでは個人の手には負えない。われわれを救うのは主題的一貫性だ。主題があって、その周囲に、言語情報が凝縮される。木の枝のまわりに塩がきらきらと結晶するように。言語情報が、本において文字の集積としてのかたちをとる。それにみちびかれて、ひとりひとりのわれわれは考えを進め、行動することができる。

みんなエクトプラズムという言葉を聞いたことがあると思う。十九世紀末、心霊術がはやっていた時代、人間の魂が「半物質化」して口から出てきたというモヤモヤしたものをそう呼んだ。まあ、トリックだね。けれどもある意味では本は実在するエクトプラズムなのだ。主題的一貫性をもち、それ自身の魂を手に入れた本は（必ずしもそれは著者の魂とは重ならない）、半物質化したエクトプラズムのようにしてこの世に存在する。はっきりした手応えのある本（＝物質）はもちろんあるが、じつはそれは棚に並んでいるかぎりでは、生きた魂になっていない。それが読者の手にとられ、読まれるとき初めて、固体としての本からモヤモヤしたエクトプラズムが立ち上り、それが読者であるきみにとりつき、しみこんでゆくのだ。これはすごいことだ。このイメージをよく考えてみてほしい。そのようにして初めて、そのようにしてのみ、はるか昔の見知らぬ誰かが考え抜いた内容にきみは出会い、それがきみの一部にもなる。

図書館は静謐を旨とする。騒ぐのはやめてください。でもそこは潜在的には、ものすごくにぎやかな言葉の集積庫だ。図書館自体は動かない。でもそこはじつはまるごと、巨大な宇宙船のようなヴィークルでありタイムマシンでもある。多方向多時間にむかって全面的にひらかれた場所。図書館自体が〈大学〉の中心的な場所であり魂だということを、大学生になったみんなにはぜひ心の底から実感してほしいと、ぼくはいつも思っている。

まずは図書館に行ってみようか。検索は大切だが、それ以上に大切で本質的な行為となるのは〈さまよい〉だ。あらかじめ期待し求めた情報のピースだけを探しにゆくのでは、図書館の意味は半減どころかごくごく微小なひとかけらにまで落ちてしまう。それはまたデジタル資料の陥穽でもある。電子資料の検索という行為は、すべてを出発点から到着点への直線に還元する。しかも検索自体にかかる時間は瞬間。新しい着想が生まれる余地は、限りなくないに等しい。一方、さまよいは試練だ。現実の森に迷いこむのとまったくおなじで、最初はどちらに進めばいいのか見当もつかない。どんな植物、動物、菌類がそこを構成しているのか、ぜんぜんわからない。何を口にしていいのか、いけないのか。何が薬になるのか、毒になるのか。どんなルートが最適なのか。何を得ることを期待すればいいのか。

やってみなくてはわからないことがある。試みは、体験は、人に肩代わりしてもらうわけにはいかない。きみはいま図書館にやってきて、その入口から中に入った。この森にはものすごい数の本という樹木があって、ひとつひとつがその世界をもっている。もちろん本といってもあらゆるレベルの本があり、あらゆる主題がある。そのすべてがおなじかたちに収まっているのは、じつに驚くべきことだ。表紙があり、裏表紙があり、背表紙がある。図書館での読書のもっとも大きな部分を占めるのは、背表紙読みだ。たとえば十万冊の本が並ぶ図書館に行って、そのすべてに手をふれようとするのは狂気の沙汰だ。だが、たとえば千冊の背表紙をざっと見ていくことなら、誰にでもできる。それらが自分にとって意味のあるものかどうかを判断するのも、誰にでも瞬間にできる。背表紙に（つまり書名に、著者名に）興味を惹かれたら、その本を棚からとりだして、よく見るといい。適当なページをぱらりと開いて、目についたセンテンスを読んでみるといい。そこですでに火花が散りはじめる。エクトプラズムが立ち上りはじめる。本の中から何かがやってくる。それはきみを作り替える何か、少なくともきみの言語を組み替えてしまう何かだ。

ぼく自身が大学に入ったのはもう四十五年も前のことだが、そのころは毎日、占い代りに知らない本を開いていた。図書館でも書店でもいい。並んだ背表紙を見て、いずれかの本を手に取り、ぱっと開く。どんなページでも、何かひとつくらいはいいことが書いてあるものだ。それを頭の中で反芻しながら外に出る。真剣にではなく漠然と、それについて考えている、思っている。日課にしてしまえば、新しい本、新しい言葉に出会わない一日がむなしく思えるようになる。新しい考え方、新しい知識の視界を、求めるようになる。それはスケートボードで街路を走ること、マウンテンバイクで山道をゆくこと、サーフボードで次の波をとらえること、ハングライダーで空にむかって舞い立つことのすべてに匹敵する経験だ。言葉とは人間が手に入れたもっとも強烈なドラッグであり、それは意識を変える。もっとも強力なヴィークルであり、時空を超える。必然的に、図書館こそ真の変革の装置であり、きみにとっての〈大学〉の中心的な場となることだろう。きみがそこに行こうと行くまいと、図書館ではそこに集合し離散する本たちが、日々とんでもない規模と強度をもった知識の祭典をくりひろげている。大学生なら、それに参加しないという手はない。

手に取るのはどの本からはじめてもいいわけだが、最近、ぼくがよく訪れるのは新着図書のコーナー。明治大学図書館には毎日かなりの点数の本がやってきて、この森の新しい住民となる。いましがた行って、何冊か本を借りてきた。これは市場にいっていろいろな食材を買い込むようなものだが、すべて無料で借りられるのが気楽で、楽しい。しかもどれを使う使わないでもなく、何かを無駄にするのではないかと心配することもなく、おもしろいところだけを拾い読みしてまた返すことができる。その「おもしろい」と思ったことは、文字にすればほんの五十字くらいかもしれないが、確実に自分の考え方の核になる。つまり、実用的だ。ぼくは最近は動物のこと、それからの延長で食物のこと、それからの延長で日本列島の土地のこと、それからの延長でアジアの歴史などについて漠然と考えることが多いので、借り出した本も必然的にそんな傾向を反映している。

アレクサンドラ・ホロウィッツ『犬と人の絆』(緑書房)
近藤誠司編『日本の馬』(東京大学出版会)
塚本学『生き物と食べ物の歴史』(高志書院)
中川明紀『ソウルフード探訪』(平凡社)
荒牧重雄『噴火した!』(東京大学出版会)
柿沼陽平『古代中国の24時間』(中公新書)
クリストファー・デ・ハメル『中世の写本ができるまで』(白水社)

これらの本は、通読はしない。あっちを二行、こっちを三行と、拾い読みをして、何か新しい知識を得たら、それで満足。かける時間は一冊あたり十分でもいい。気が向けば三十分。それで得た情報のかけらは心のどこかに転がしておけば、やがて勝手につながってくるものだ。それでいい。

こうしてページをめくり風を起こした後では、想像力は活性化されていろいろなことをいやでも考え、想像するようになっている。本を借り出さず、図書館の一角でこの一連の作業を行ってもいい。ジムみたいなものだね。ジムで運動すればおなかが空く。こんなふうに一、二時間、脳を運動させた後にも、やっぱりおなかが空く。何か食べに行こうか。東京はさすがに東京で、世界各地のローカル料理がさまざまなかたちで流入している。『ソウルフード探訪』に紹介されているお店に行きミャンマー、チュニジア、ペルーなどの料理を食べてみたいものだと思うが、きょうは行きつけの街の食堂で。海老ピラフおねがいします。しかしそんなおなじみのピラフでも、きょうはその背後にこれだけのひろがりを引きつれてやってくるのだ。この一節を読んで、ウズベキスタン料理の「プロフ」と比べてみよう。

そう、実は名前を聞いた時から気になっていた。「プロフ」と「ピラフ」という名前、そして食材を炒めて米を入れ、水またはスープで炊くというつくり方もとても似ている。今や世界的に食べられている「ピラフ」はフランス語だが、ルーツはトルコ料理の「ピラウ」にあるとされている。諸説あるものの語源はサンスクリット語にあるといわれ、「プラーカ」というインドの古代料理にまでたどりつくという。

同様の料理をインドやパキスタンでは「プラオ」、アフガニスタンでは「パラオ」、中国の新疆ウイグル自治区では「ポロ」と呼ぶ。つまり、インドからシルクロードによって料理が伝わり、その土地の食材を使ってアレンジされていくうちに名前も変化し、サマルカンド、つまり今のウズベキスタンでは「プロフ」と呼ばれるようになったのではないだろうか。

(『ソウルフード探訪』178ページ)

まちがいないところだろう。もっとも料理に関しては、実践の流れと名称の流れが、必ずしも同期しないかたちで地理的に伝わってゆくことも充分に考えられるけれど。このプロフの場合は、そんなことも問題にならないくらい、そのものが伝播し、旅をしていったのだと考えていいだろう。ユーラシア大陸を。歴史の中を。

ぼくの授業をとった人なら覚えているだろうが、いつも力説してきたことがある。教養は、やはり大切だよ。教養というのはひけらかしやお飾りのための知識ではない。〈いま・ここ〉に生きながら、その場にないもの、時間的にも空間的にも隔たったものを想像するための前提となる知識のことだ。なぜそれが必要なのか。〈いま・ここ〉を共有しながら、見えないもの、存在しないことにされているものやことをよく意識するために必要なのだ。あらゆるものには地理的・歴史的コンテクストがある。それらを意識することは、われわれの社会の基盤がどのような層によってできているかを意識することにつながり、どんな問題がいつ生じ現在までつづいているのか、それを解決するにはどうすればいいのかを考えることにつながる。つまり教養とはつねに非常時の知識、われわれの生存のために必要な知識であり、そのための素材が、資源が、ごろごろと転がっているのが図書館という場なのだ。

もういちどまとめておこうか。

図書館という場こそ、大学の魂だ。

魂の内実は、一冊一冊の本だ。

それぞれの本を手にとり、ほんの二行でもいいから読んで、そこに閉じ込められているエクトプラズムを解放しよう。その行為自体が、われわれが共同で運営する社会に、地理的ひろがりと歴史的奥行きを思い出させることになる。

こんどピラフを食べながらそんなことを、ともだちと話しあってごらん。それだって「大学生であること」という、きみの生涯のプロジェクトの、大切な一部なのだ。

横切ってもたどりつかない［プルースト］

『失われた時を求めて』はたしかにひとつの世界を作っている。世界がそこにあるというのは独自の地形があり気象があり光があり物音がするということだが、人間世界を描く小説である以上そこに複数の人物が登場し行為することは避けられない（「人物」とはじつに妙なことばだが）。ぼくとしては二、三人かせいぜい五、六人のニンゲンが動いたり止まったり話したり黙ったりする程度の小説を好むが『失われた時を求めて』はその対極にある。あまりに多くのニンゲンが登場し、老い、あるいは老いることすらなく消えてゆく。死んでゆく。それが時が流れたという実感を醸成することにもなって、その全容を把握することは一度読んだだけではむずかしい。

この作品にはそもそもいったい何人が登場するのか。誰か索引の項目を数えて教えてください。一方、ジャン＝イヴ・タディエの著書『プルーストと社会』によるとプルーストが残した膨大な書簡（フィリップ・コルプ版で全二十一巻）では一万二千人の人名、六千の地名、八千の作品や雑誌名が言及されるそうで、するとプルーストがだいたいどれくらいの規模で自分が生きた世界を捉えていたかがわかり、その把握ぶりが『失われた時を求めて』ではそのまま資源として使われていると考えていいだろう。

プルーストの哲学に対する関心は本物で、それなら著作も哲学であってもよかったが、そうはしなかった。評論文はあっても美学の哲学論文はなく、着想の芽は小説に投げこまれた。音楽学者・美術史家・地理学者・言語学者のいずれにもなりえただろうが、彼の道はちがった。すべてが小説の想像力に呑み込まれていった。想像力といってもそれは ex nihilo（無から）ある像を生んで提示するような想像力ではなく、自分が現実に出会い知り合った人々をめぐる断片を並べたり、融合させたり、変形したりして幻の像を浮かび上がらせる想像力だった。けれどもそうした像の発生の母胎となるようなニンゲン集団が一万人を優に超えることを考えると恐ろしくなる。作者プルーストはかれらの名前を記憶し、表情や声を記憶し、かれらの発言や決まり文句や真実と嘘の度合いまでもすべて自分の脳のデータベースに保管してあったにちがいないということか。

怪物の所業だ。遊歩道やロビー、客間や大広間、駅舎や鉄道の客車、海辺や野原の道、どこでも作者はすべての人の発言を聞き取り、その声と口調と内容を登記する。同時に発動する繊細な分析機械が、それぞれの場面における人々の言動に呵責ない評価を下している。個々のニンゲンは、どんな人であれ、その人なりのとりとめない雑多な知識・情報の集合体だ。かれらが体現する知識やイメージを仮にひとつにまとめてしまうのが人の「名」で、名が私において生み出す連想には少なくともその名を思い出しているあいだ私の心を占拠する力がある。そんな名前を一万二千人分抱え込んでしまう精神とは、どういうものか。

その秘密にふれたかと思われるのがジル・ドゥルーズの次の指摘で、読んだときにはハッとした。「読者は、プルーストがこの話者を、見ることも、知覚することも、追憶することも、理解すること……等々もできないものとして示そうとする、その執拗さに驚かされる」と(『プルーストとシーニュ』宇野邦一訳、法政大学出版局)。つまりは、話者はニンゲンたちがふつうそうするのとおなじ水準でニンゲンに接しているわけではなく、話者のその態度は生身の社交生活を送るプルーストにおいてすでにはじまっていたある種の非ニンゲン的な反応=表現の写しであり、すると生身の作者プルーストの一万二千人はすでにニンゲンである資格を奪われた、多様性の森というか環境に溶け込んでいるものと考えればいいのかもしれない。

シャトーブリアンが世界と歴史を「墓の彼方」から見ていたように、プルーストもまた何か別の空間からニンゲンたちの生態を把握し、それを再現するのでも代行するのでもなく、自分がうけとった刺激の痕跡を砂浜の風紋のような自然力の働きとして、改めて現在時において記そうとしたのかもしれない。

いま「別の空間」と呼んだものがそれでは何だったかについては、じつは『失われた時を求めて』の末尾にヒントがあるようにも思った。話者はいう。「なによりもまず人間を、空間のなかで人間に割り当てられたじつに狭い場所に比べれば、逆にきわめて広大な場所を時間のなかに占める存在として描くだろう」（『失われた時を求めて』14、吉川一義訳、岩波文庫、３０３ページ）。現実の三次元空間から人を解き放つために、時間を加えた四次元空間を創造し、その記述を試みること。これはわかりやすい真実で、するとやはりプルーストも彼なりの「墓の彼方」を見越してそこからふりかえったこの世の印象を書こう、書くことにより存在させよう、としたのかもしれない。ひとことでいえばそれは時間を空間化することによって忘却から救出するということで、この観点からするならばこの作品に登場する人々の名、土地の名のつらなりは、それ自体が連禱となる。プルーストの宗教的立場は知らないが、彼の書簡集も作品も全体がまるごと記憶のための祭壇のようなものだとはいえるのかもしれなかった。
文章という言語的構築物がはたす最大の魔法は、それを通じて他人の記憶を自分のものにできるということだ。ぼくはニンゲン臭いことよりも自然と呼ばれる非ニンゲンの領域に興味があるので、プルーストのいくつかの新鮮な記述に息を呑み、打たれた。全体を読み終え改めて第一巻に戻るなら、なかでもたとえばこんな一節に興味を覚えた。自分で訳し直してみる。

ぼくがおもしろく見ていたのは、子供たちが小さな魚を捕まえようとヴィヴォンヌ川に浸けるガラスの水入れで、それらは川に閉じこめられながら川によってみたされ、硬い水というべき透明な体をもつ「容器」(いれもの)であると同時に自分より大きな流れる液体ガラスに投げこまれた「内容」(なかみ)でもあって、手ではすくうことのできない不定形の水と口では飲み味わうことのできない流れないガラスのあいだに生じる、絶えまないせせらぎの頭韻への逃走のうちにしか現れないせいで、用意の整った食卓に置かれたときよりもおいしく、また苛々させられる、ひんやりした新鮮さの感触をもたらすのだった。ぼくはそこにこんどは釣竿をもって来ようと決意した。おやつ用にもってきたパンを少しちぎってもらった。それを丸めたのをいくつか投げ入れてみると、過飽和現象を起こすのには十分だったようだ。というのも、おそらくそれまでは水に溶けて目に見えないけれど結晶する寸前の状態にあった、腹ぺこのオタマジャクシたちが、ただちにまるで蛙の卵のような房状になって、パン玉のまわりに出現したから。

(Marcel Proust. *À la recherche du temps perdu I*. La Pléiade, 168.)

水（流体）とガラス（固体）の互換性が、いわば時間（流れるもの）と空間（存在の入れ物であり中身）の共犯性を連想させるとともに、さきほどいったような「時間の空間化」を言語が達成している。そしてテクノロジー画像に慣れ親しんだわれわれの感受性にとっては、まるでほんの一分くらいのあざやかな実写動画が、この一節により永遠にくりかえされているようにも思えてくる。ぼくにとって『失われた時を求めて』はそんなミニ動画の厖大な集積のようなものとなった。全体を通読してみて、どこかにたどりついたという線的な達成感よりは、まだまださまよえる余地が広大な荒野のようにひろがっているという空間的解放感を強く感じる。その空間は横切ってもどこにもたどりつかないかもしれないが、ちりばめられた言語＝映像は、そのまま読むことの目的になるだろう。

詩との出会い［西脇順三郎］

詩はおもしろいかもしれないと最初に意識したときのことは、よく覚えている。中学校に入ってすぐ、現代国語の時間に先生手作りのガリ版プリントで読んだ萩原朔太郎の「猫」。「おわあ、こんばんは」という有名な挨拶を友達とまね、それから通りや軒先で所属不明の猫を見かけるのが楽しくなった。

朔太郎詩集はさまざまな文庫版で出ている。その憂鬱でビリビリと電気を帯びた情感をよく味わうのは中学生ではむりだったが、『月に吠える』の序文には、詩とはこういうものかという想念を与えられた。「ふだんにもつている所のある種の感情が、電流体の如きものに触れて始めてリズムを発見する。」そんなリズムを自分もいつか発見したいと考えはじめた。

ついで高校に入ったころ西脇順三郎の詩に出会った。詩という星座が、精神生活の中心に位置すると見えるようになった。『Ambarvalia』所収の「薔薇物語」やアルザスの二言語詩人イヴァン・ゴルの詩の翻訳である「恋歌」に戦慄を覚え、『近代の寓話』中の「アン・ヴァロニカ」や「冬の日」にフィクションの驚くべき完成形を見た気がした。自分のまだ知らない技術の極限が、そこにあるのだと感じた。

西脇の散文も独特のもので、獣が書いたように論旨を追いがたい詩論も、しばしばかかげた快活さのある随筆も、そのいくつかを好んで読んだ。なかでも「文学青年の世界」。この一文によって、あるいは、自分の人生が変わったのかと思うことがある。

職業を好まず、社会というか既にできあがった考えに反逆的で、知識のための思考も通俗的な芸術も同様に軽蔑する。そんな生き方が純粋に保護されてもいいという意見は、それ自体、高校生を大いによろこばせた。「我々の眼がヒスイのように変に青味を帯びて来た。文学というものが西瓜ならばそれは非常に良い西瓜である」といった文は、ジミ・ヘンドリクスのギター・ソロのように偉大に響いた。

文学青年という言葉はもとより一種の蔑称だったが、そんな「我々」の世界を毅然として擁護し顕揚する詩人の声に、必要な勇気を感じた。文学とはモラルなきモラルであり、目的なき思考であり、よくいって「ボール紙の祭礼」にすぎない。だがそこに一瞬の光が生じ、唐突な新鮮さがもたらされる。

もう法学も政治学も哲学もやめようと思った。ただ思考の変な光とリズムばかりが気にかかるようになっていた。

京都との出会い［林達夫］

高三の夏休みは京都で過ごした。受験勉強をするという名目で、川端丸田町にあった父の知人の家の二階に置いてもらい、どうにもわからない数学の問題を解いているふりをした。ところが京都は暑くて、気持ちがすぐ挫ける。京大のそばのサンタクロースというジャズ喫茶に、毎日涼みに通った。アイスコーヒーを「コールコーヒー」と呼ぶのに妙な旅情を感じた。勉強は進まなかった。

夕方になると鴨川のほとりに腰を下ろし、本を読んだ。その夏の最大の収穫が『思想のドラマトゥルギー』（現在は平凡社ライブラリー）。林達夫と久野収の対談本だが、読んで度胸がついたということに関しては、これほど役に立った本はなかったと思う。

精神史家と哲学者の雑談は、拡散する。二千年の歴史を自在に往還し、プラトンもレオナルドもメイエルホリドもおなじ舞台に立つ。こんな話に耳学問的に慣れておけば、大概の知識のひけらかしには驚かずにすむ。自分ではこの本を手にしたのは植草甚一さんが「宝島」で「林達夫という偉いおじいさんの話しっぷり」を誉めていたからだと思っているが、あるいは話が前後しているだろうか。いずれにせよ、あの雑学の大家が感嘆する大雑学者！　生来雑学を好むぼくには、抗しがたい魅力があった。

十代の読書というのは、妙にあれこれを覚えているものだ。中には恩知らずにも、その本に学んだということすら忘れたまま、自分の世界像の一部になっていることも多い。ヴェネツィアの数々の建築の土台石の下には「イストリア半島からはるばる運んでこられたオークやカラマツの林立した眠れる大密生林（……）がある」ということだって、ぼくはこの本に教わっていたのだ。

あるいはエコロジストたちの守護聖人であるアッシジの聖フランチェスコに対する敬愛の念。あるいはマクルーハンの『グーテンベルクの銀河系』を「やはり画期的な力作」と評価する態度。後者について「この彗星案外近いところをかすめやがったな」と毒づく林の口調に、ああここでマクルーハンに興味を覚えたのだったと、三十年以上経って初めて思い出した。

大学に入ってから『共産主義的人間』も『歴史の暮方』も読んだが、第二次大戦中と敗戦直後に書かれた多くの文章にみなぎるレトリックの背後を察する力はなかった。けれども「鶏を飼う」や「拉芬陀（ラヴェンダー）」のようなナチュラリスト的エッセーの唐突さは、いま読むとその苦みが、少しだけわかる。それらの文章を書いたときの林の年齢を超えているのだから、当たり前ではあるけれど。

文体との出会い［吉田健一］

その文体に初めて触れたときの驚きは忘れられない。呆気に取られ、たちまち引き込まれ、しかもこみあげてくるのは感動というよりも爽快な笑いでそれ以外の反応がありえないほどその文章はまるでさっぱりわからなかった。

それでも文意がわからないのとは関わり無くそれが思考と文体の稀有の一致であることは疑えず、その意味の捉えがたさのために文句をいおうなどという気持ちは少しも起きなかった。笑いはむしろ感謝の表現であり、その感謝が三十年あまりを経ていまもつづいているといってもそこに嘘はないので、だったらそれは開眼だったといってもいい。それ以来、この作家のページの独特な風景は、ここに文があるからと登山家のようなことをいってみたくなるほどゆるぎない位置を文章世界に占めている。

吉田健一のことだ。『時間』の一節を大学入試の模擬試験の国語の問題文として教室で読んだ。その分け入ることのむずかしい藪か密林のような構文にも、どんなタイミングで水に入ればいいか判断しかねる寄せては返す、しかも結構な激しさと重みをもつ波を思わせるリズムにも、ふと足がすくんだ。肝心の問題はどんなものが出題されどう答えたのだったか一向に記憶にないが、いまからでもどこのどなたか知らない当時の出題者の先生には心からの御礼をいいたい気がしている。

時間が流れているとはつまり世界がいま現にあるということでそれが生きていることと別ではないという、ただそれだけをたゆたう静かな海のように語りつづける著者の力量はロラン・バルト風にいうなら言語定立者と呼ぶにふさわしいが、そんな気負いほど彼に似合わないものもなくていまこの本を開きとりわけ好ましく思うのはたとえば次のような一節だった。「クラカトアの噴火があった時にも時間は正常にたって行っていた。又そうだったから噴火の後で島に吹き寄せられた木の実が芽を出して島を再び緑にして他の島からイグアナが漂木に乗って辿り着いて繁殖した。この時間の流れから外に出れば我々の世界の外であってそこでは何も起らない。」

こうなれば自然史の時間もヒトの時間もなく過去も未来もなく、われわれの世界そのものが心と思いに即して現にそこに広がる。そしてこれは「私には過去と未来は現在ただ今（……）どっしり存在（……）しているとしか思えない」といったときの哲学者・大森荘蔵も考えていたことで、こうして哲学と文学がもともとあった一致を取り戻しそれはまた生と文がいつしか本来の道に戻ったということでもあった。

雑学との出会い［植草甚一］

中学生のとき、雑誌「ワンダーランド」が創刊された。フォークギター仲間が大判の創刊号を見せてくれたが、はじめは変な雑誌だなあとしか思わなかった。高校に入って、同誌の後身である「宝島」が体裁を一新し、ザラ紙印刷のペーパーバックみたいなクールな雑誌になったとき、ぼくはそれを愛読するようになった。アメリカ対抗文化の世界へようこそ。マリファナ特集とか、アメリカ・インディアン特集とか、よくやったなと思える不思議な特集を毎月組んでいた。せっかく揃っていたバックナンバーを、大学を出るころ手放してしまったのが残念。

「宝島」には毎号、植草甚一さんの手書きの文章が載っていて、その端正な楷書がむちゃくちゃにかっこよかった。「植草さんのペンマンシップは達筆だったと言っていい」（片岡義男）。まねようとしてもできない、美術やデザインの腕をもつ人ならではの瀟洒な文字だ。ましてやその内容は。本でも音楽でも映画でも街のようすでも、散歩の歩調そのままに植草さんが綴る文を通して見ると、すべてが魔法のようにいきいきと輝きだす。やがて『植草甚一スクラップ・ブック』（晶文社）というじつに素敵な全集の刊行がはじまり、それを読んでいるうちにぼくも大学に入り東京に住むようになった。

古本屋に通うのが習慣になった。下北沢の白樺書院や幻游社では、いつか植草さんに会うんじゃないかとドキドキした。いま、あらためて『植草甚一コラージュ日記』（全2巻、平凡社）を開いてみると、ほら、やっぱり。日記の半分くらいは本を買う話で、その買い方が半端じゃない。ぼくもそれに倣ってたくさん古本を買い、読みちらし、たくさん売った。日記には売るという話は出てこないと思うが、植草さんはどこかで「本は天下の回りもの」と書いていた。本自体が放浪しながら、あるときぼくの部屋に集い、また旅だってゆく。本がホーボー（かつての鉄道放浪者）になって、このホーボーたちが頭を鍛えてくれた。

生粋の都会っ子である植草さんがはじめてニューヨークを訪れるのは一九七四年、六十五歳のとき。滞在を記す『コラージュ日記』でも「いいなあ、面白いなあ」という幸福感が全ページにみちている。ぼくは結局、ミステリー好きにもジャズ・ファンにも雑貨の目利きにもならなかったが、街歩きと古本屋巡りは身についた。そして植草さんその人にはなれっこなくても、彼の筆跡はいまでもぼくには最高のお手本だ。

翻訳文学との出会い［サン＝テグジュペリ、パヴェーゼ］

ある言語がその姿を変えるには二つの道しかない。ひとつは内発的に、その言語の内部で、新しい言い方や語彙が開発される場合。文学も話芸もつねにそれをめざしているし、いろいろな集団が編み出すジャーゴン（仲間言語）もそれに含まれるだろう。もうひとつは翻訳の場合。その言語がこれまでに語ったことのなかったことを語り、そのようには表現したことのなかった表現を与えるのに、他言語からの翻訳はもっとも直接的かつ瞬間的な働きを見せる。すでに存在する日本語に飽き足らないものを感じるとき、われわれはもっとも手っ取り早い道として、翻訳された文章に手を延ばすだろう。すると必ず、見慣れない日本語が待っている。聞いたことも見たこともない表現が、ショーケースないしは実用的ジョークのように与えられる。

翻訳文学の最大の魅惑は、それ。そして翻訳作品は日本語作品であり、そうである以上原作者よりもむしろ訳者に属し、すると訳者に書ける日本語がその実質のすべての鍵を握ることになる。誰でもそうであるように、ぼくも日本語を、読んで学んできた。好んで読んだのは翻訳作品で、それは日本語が風変わりだったから。原作がある翻訳作品でなく最初から日本語で書かれた作品（詩、小説、エッセー）であっても、ぼくが興味を覚えるのは日本語を外国語のように使う作家たちの作品で、するとそこには多くの場合あらかじめ翻訳が含まれていることになる。そうした作品のことはひとまず置いて、狭義の翻訳作品に話を限っても、たちまち何人もの訳者たちのテクストの文字面が浮かんでくる（かれらには会ったことがなく顔も知らないのに）。一九八〇年前後の学部生のころ読んで強い印象を受けたのは、フランス語であれば生田耕作訳のセリーヌ、豊崎光一訳のル・クレジオ、滝田文彦訳のクノーなど（滝田先生にだけは直接教わった、のみならずぼくが初めて訳したアポリネールの詩を見ていただいた。いい先生だった)。ドイツ語であれば野村修訳のベンヤミンやブレヒト。そしてスペイン語では集英社の「ラテンアメリカの文学」シリーズが、異様な強度のみなぎる大作を粒ぞろいのすぐれた翻訳で出していて、ぼくらの世代には大きな影響を与えたと思う。

そんな時期に読んで、そのまま自分の血肉となっていると考えるしかない作品と訳者の組み合わせの中から、今日は二冊だけ。

まず堀口大學訳のサン゠テグジュペリ『人間の土地』は人生を変える書だ。剛毅で繊細、流麗で無骨なその訳文は、最上質の日本語。飛行機を特異な認識の道具としたサン゠テグジュペリという飛行士の二十世紀的感受性を、あますところなく伝えてくれる。ここには、学ぶべきものがある。ヒトが肉体のみならず、その精神においても、生命現象そのものにおいても、テクノロジーにより別の存在になろうとしている今日、いっそう。サン゠テグジュペリは専業作家である以前に飛行士だったが、ぼくもそんな生き方をもう少し真剣に考えてたとえば国際線旅客機の操縦士をめざせばよかった、と時々思う。

一方、河島英昭訳のパヴェーゼこそ、魂の学校だ。人と周囲の人々、かれらすべてを包むまるごとの土地。正直なところ、ぼくは現実の人生からは何も学ばなかった。自分の判断の根拠となる何事かは、文学からしか学ばなかった。そしてそれを語るために必要な言語は、日本語は、河島パヴェーゼに学んだといっていい。お勧めしたい作品はいくつもあるが、まずは岩波文庫に収められて入手しやすくなった『月と篝火』はどうだろう。不要に言葉を補うことをせず、ぶっきらぼうに並べられただけのいかにも直訳の文体には、痺れるような魅力がある。

「今年は篝火を焚いたかい?」とチントにたずねてみた。「ぼくたちのころはいつも焚いた。聖ジョヴァンニの夜には丘ぜんたいが燃えあがった」

そんな小さな文のひとつひとつがきらめきを宿し、思いがけず情感を燃え上がらせて、北イタリアの貧しい土地を想像しながら、息を呑むような思いをすることがよくあった。物語よりも、物語の背景をなすこうした具体的な情景に、さらに読み進めるための直接的な誘惑を得た。物語はどれも似かよっているし、永遠にくりかえされるにすぎない。だがその背後で反復されるこうした土地の律動と旋律の複合体こそ、透明なボディとして読書が終わったあとにもわれわれのもとに残ってくれる何か、その後の人生につきあい連れだって歩いてくれる何かではないかとぼくは思ってきた。行ったこともない土地を想像する手がかりをパヴェーゼの言葉が与えてくれ、しかもその言葉はまるで夢の中の言語のようにあらかじめ日本語に訳されているのだった。河島英昭によって。なんという幸運だろう。

サン＝テグジュペリ『人間の土地』堀口大學訳、新潮文庫、一九五五年

チェーザレ・パヴェーゼ『月と篝火』河島英昭訳、岩波文庫、二〇一四年

II

ハーンという驚異の群れ

「個」といっても「単体」といってもいいが、あるまとまりとして「ひとつ」と数えられるような何かが、どんなものであれ他の「ひとつ」を一貫性をもって経験したり感受したり研究したり記述したりすると考えることは、およそ事実からは遠い。ことばにまつわる作業に少しでも関わったものならば誰でもわかっているはずのそんな原則は、けれども忘れられやすい。機会あるごとに思い出しておく必要がある。

たとえば、後に小泉八雲と名乗ることになった「ラフカディオ・ハーン」という一見くっきりとした輪郭をもつ個人が、たしかに一政府が運営する一国家＝社会が住まう一風土の一文化を総体的に感受し、そこから同時代のどの英語作家よりも、神秘の「日本」にその深層にいたるまで通暁したのだと見なすことは、つねに行われてきた。だがそれは、安易な偏見でしかない。事実は、もっとずっとぼんやりとしたごく小さな「彼」が、茫洋としてとらえがたい多面体として現象する異文化のごく限定された区域をさまよい、このさまよいと並行して記述による対象の創出を試みてきたということだろう。錯綜した多様体が、自分よりもはるかに巨大な多様体との接触面で、全体の見通しなどまるでもてないままに手探りで進む冒険。しかしこの冒険の激烈さにおいて、体験の苛烈さにおいて、あらためて作家の「個」が発見される。「私は群れである」というかたちで。「無数の世代が私である」というかたちで。「私の心は共和国である」というかたちで。宇野邦一の新著は、ハーン自身が言明したこの「群れ」の意識を手がかりとして、経験と記述のあいだの暗闇をさまよう混成的・多数多様な主体（かその幽霊じみた陰画）としてのハーンを、評伝的スタイルで捉え直す試みだ。読みやすく、じつにおもしろい。そしてここで新たにむすびなおされるハーンの像は、幽冥の世界を好んだあの奇矯な、得体の知れない着物姿の西洋人の像とは、重なりつつどこまでもずれてゆく。

ハーンのいう「群れ」の原語はpopulation。それは「人口」というよりも、「棲む、住まわせる」といった動詞の原義をよく残すものであるように思われてならない。「私とは多くが住まう者」とでもいえばいいだろうか。肉体的な流浪の痕跡、想像力と記憶の痕跡を、すべて留めている。現実と想像の区別を超えて彼が出会ったすべての幽霊たち（人間のみならずすべての生物の）が、彼に住みつき、どこまでもついてくる。ギリシャから、アイルランドから、ロンドンから、シンシナティやニューオリンズから、マルティニックから、それぞれの幽霊たちが。それぞれの声を発しながら、ついには松江へ。同時代のどんな文学者に比べても振幅の大きい旅を持続していたハーンの足跡をラフな線としてたどりながら、なかでもカリブ海域のクレオル言語＝世界という典型的な雑種性の区域をひとつの焦点としつつ、著者はハーンの傾向というか態度を発見し、再発見し、記述する。たとえばミシュレ、カフカ、マゾッホ、ジュネ、セガレン、ハーバート・スペンサーといった著作家たちとのあいだに宇野が作りだす連結が、群れとしてのわれわれの想像力の布陣を明らかにしてゆく。
ハーンのスペンサー主義を論じて、宇野がこう書いている部分が、ぼくにはとりわけおもしろかった。「現今の人間の意識も、物質それ自体も、まったく暫定的な形をとった〈結合物〉であり、そのかぎりで無数の転変や生死の結合物であり、個人もまた、いま生きている無数の生の微粒子と、あるいはすでに死に絶えた無数の生（霊）の微粒子のあいだの結合物だといえる。」そうした結合物であることを自覚する「私」が、虫の声、光のうつろい、海の青を、精密に知覚することを試みる。そして「そういう知覚をめぐって書くことは、また新たに知覚を作り出すことでもあった。」この知覚の冒険がハーンの文学であり、そこには西洋も日本もなく、ただ発見されつづける「世界」という地平だけが、どこまでも広がっている。

宇野邦一『ハーンと八雲』角川春樹事務所、二〇〇九年

誰も見たことがない映画を

待望の書だ。言語学者＝文化人類学者＝アフリカニストとしての西江雅之の四十年近くにわたる仕事が、一冊にまとめられている。二十歳そこそこではじめてアフリカに足を踏み入れて以後の彼の歩みを正確に反映しつつ、あくまでも明晰な散文で、驚くべき多言語空間としてのアフリカ、特に彼が専門とする東アフリカのスワヒリ語世界、そして言語接触が生み出す新たに変容したことばとしての世界中のピジン・クレオル諸語をめぐる省察が、専門的な知識のない読者にも接近可能なかたちで、ただし背景となる社会的事実と論理をゆるがせにすることなく、淡々と記される。水のように淡々と、けれども恐ろしいほどの目と思考のすばやさをもって。そこに響くのは人がよく知るあの驚くべき歩行者の飾り気のない声、世の何物にも執着することなくヒトの世界のすべてを相対化して見る冷徹でなお温かいまなざしの無音の余韻だ。

　アメリカの大学の学科的伝統では、人類学は文化人類学・自然人類学・言語学・考古学の四つの基本分野に分かれ、学生はどの分野を専門とするにせよ、すべての基本的訓練を受けなくてはならない。文化研究に関する細分化と総合の二つの方向性が、学科の出発点からあらかじめ制度化されていたのだといっていい。それを念頭におくと、西江先生が時によって言語学者とも文化人類学者とも呼ばれるのは意味のあることだ。その本質においては言語研究者である彼は、あくまでもアフリカをはじめとする各地の普通の人々が普通に話し伝え合っていることばを、その変化の相において眺める作業を、一貫してつづけてきた。そこには普通の人々の普通の暮らしに対する旺盛な好奇心があり、暮らしに分け入ってゆくための方法論があるはずだ。そしてその方法論とは、つまるところ「よく歩くこと、よく人に声をかけること、よく話を聞くこと」といった簡単な原則を徹底して実行することだと思われる。ことばは生活と切り離せないし、言語は物質文化や生活慣習を土台として成立している。それを丸ごと捉えること。ことばが埋め込まれた現実を、よく見きわめること。そんな態度をつらぬいてきた彼が、一方で比類なき紀行エッセーの書き手として現代日本語文学の世界に特異な位置を占めてきたのは、当然だろう。

聞くところによると西江先生は、若いころ留学したUCLAでは映画研究を学んでいたそうだ。来る日も来る日も映画を見つづけて、ついには実際の風景が枠付きで見えるようになったほどだという。そんな個人的な映画が、彼の脳内ではその後もずっと上映されているのかもしれない。だが、何という映画！　他の誰にも想像もつかないかたちで、世界各地の風景が重ねて映写され、しかもこの共時的風景を手がかりとして、彼はそれぞれの土地の来歴と変容の歴史を数十年数百年にわたって見通そうとしている。さらには、おそらく、土地ごとの伝統が終わりを告げ、すべての人影が消えた後の、未来の光景さえも。東アフリカの伝統社会が劇的に姿を変えてゆくプロセスを目の当たりにしてきた言語学者は、その経歴のちょうど半ばあたりでピジン・クレオル諸語の研究に集中するようになった。これらの言語の形成過程に、異なる言語＝文化集団が接触するときに生じる事件の痕跡が、そっくり書き込まれていると思われるからだ。いわゆる「歴史」としては表面化しない異文化交渉の歴史に、この言語を通じて人は直接ふれることができるのだ。

一九八〇年ごろ、先生が毎年のようにカリブ海域へのクレオル諸語調査に出かけていたまさにその時期に彼の「世界の言語」という授業を受講できたのは、ぼくの生涯の幸運のひとつだった。その足跡をはるかに遅れて追うようにして、ぼくはカリブ海に行きその地域の文学を読むようになったのだから。いま本書を通読しながら教師としての彼の姿を思い出し、当時は自分の考えに入ってこなかったいくつもの指摘に頷くのは、大きなよろこびだ。たとえばシエラレオネのクリオ語を記述しながら、彼はこう記す。この言語は「歴史的には、一七八七年から十九世紀初頭にかけて、カリブ海、アメリカおよびアフリカ沖の奴隷船上から解放奴隷としてシエラレオネに入植したり、移動させられてきた人びとが話していた種々の言語の多重接触の結果として出来上がったもの」であり、「対照言語学的に見れば、ジャマイカ・クレオル英語に非常に近い」と。アフリカからアメリカスへの人々の強制された流れには、すでに十八世紀末の時点でアフリカへの部分的還流がはじまり、言語と生活文化はおそらく間大西洋的に同期した変容プロセスを生きていたわけだ。

今回ぼくが初めて読んだのは、巻末に収められた「ムワナ・クポナの詩」と東アフリカ人サリム・ビン・アバカリによる「ロシア・シベリア見聞記」という二つの翻訳テクスト。いずれも非常に興味深い。ぼく自身がスワヒリ語圏の探求に出かけてゆくことはたぶん今後もないだろうが、西江先生の世界の広大さに改めて目をみはり感嘆するのは、われわれの精神にとって、どんなにいいことかと思う。十九世紀末にサリム・ビン・アバカリが旅の終わりに書きつけた次の一文ほど、西江雅之という希有の旅人の台詞としてふさわしいものはない。

「わたしは世の中について多くを学び、自分の国では見たことも聞いたこともない物を沢山見たのだった。」そして彼の視線を通して、ぼくらの地平も一気に、見たことも聞いたこともないものへと開かれてゆくことになる。

西江雅之『アフリカのことば——アフリカ／言語ノート集成』河出書房新社、二〇〇九年

火山が教えるもの

驚くべき傑作だ。心の深い部分を打つ。二十世紀屈指の英語小説という定評が期待させるものをはるかに超えて、強い衝撃をもたらす。ただし一度読んでも、その濃密な散文が背後に隠す事件の進行は、よくわからない。ぼくは二度つづけて読んだ。二度目は、訳者によって付された解説にある、各章のブレイクダウンを参考にして。それでようやく明らかになるのが「領事」ジェフリーとその別れた妻イヴォンヌの悲劇だが、謎めいた数々の細部の秘密をすべて見通すには、まだまだ遠い。この作品は三読、四読を要請する。それどころか、いくつもの強烈なパッセージとその底に流れる物語は、きみの心のどこかに棲みつき、もう離れることがないだろう。きみ自身が最終的な崩壊か解放を迎える、その時まで。ミシェル・フーコーがかつて愛読書のひとつにあげていたのも頷ける。生のある悲劇的な様式がここまで容赦なく描かれる作品はざらにはないし、フーコーの生と思考の大きな主題のひとつが情念の制御にあったことを思えば、『火山の下』が彼にもたらした感動は容易に確信することができる。その悲劇の核心にあるのは、メスカル。メキシコの火山の高原が生む、火のような酒だ。

歩行、ゴルフ、犬、馬、メキシコ、ハワイ、火山、砂漠、海、稲妻、雷鳴、強い風、映画、強い酒、ジェイムズ・ジョイス、天文学、先住民世界、スペイン、ブリティッシュ・コロンビア。以上のうち好きなものが四つ以上ある人には、この小説を強く薦めたい。すでに二十世紀の古典に属する（原著の刊行は一九四七年）以上、構成と物語についてここでふれても別に未来の読者に対する罪にはならないだろう。それでもなお余計なことをつけ加えておくと、ジョン・ヒューストンによる映画化作品は、原作を読む前には観ないほうがいい。ヴィジュアルな提示は想像力にとって邪魔だ。

全体は十二章構成。第一章は、すべてが終わった一年後、一九三九年十一月の「死者の日」だ。フランス人映画監督ジャック・ラリュエルが、ちょうど一年前に死んだ二人を思い出し、残された手紙を読み、それを燃やす。これによって二人の悲劇の忘却が、なんとも凡庸なかたちで完成する。「届かない手紙、葉書」は本書の重要なモチーフのひとつ。ラリュエルは主人公ジェフリーの少年時代以来の友人でもあったが、主要登場人物のうちもっとも魅力に欠ける男だ。つづく第二章からは、前年十一月の死者の日の出来事が、主要な三者の視点によって物語られてゆく。朝七時からはじまり、夕べの七時まで。三人とはイヴォンヌ、ジェフリー、ジェフリーの腹違いの弟ヒューだ。この時の限定と変幻自在な自由間接話法は、作者がジョイスの『ユリシーズ』から直接学んだものといっていい。そしてこの波瀾万丈の十二時間の進行は、結末部分でまたその継起を乱される。第十一章が語るのは、イヴォンヌの、嵐により脅えた馬に踏み殺されるという悲惨な死。つづく最終章が描くのが、それよりごくわずかに時間的に先行して起きる、土地のならず者たちによるジェフリーの射殺。彼の死体は犬の死体とともに谷底に棄てられる。

このわずか半日の経過が、ジェフリーのとめどない飲酒とその渦に巻き込まれるかのような他の者たちの飲酒とともにつむがれてゆく。なぜそこまで飲むのか。根底にあるのはもちろん怯え、求めるのは逃避だろう。だがその怯え自体、いくつものレベルがある。修復不可能なイヴォンヌとの関係。狂った歯車となってもはや止まらない、現代世界の国際関係。異様な孤独を強いる、この宇宙での人の実存。これらすべてを停止させ、ひとときでも時間の外に出るためには、酒を飲むしかない。オアハカの地酒、乾燥した高原の植物マゲイから造る強い蒸留酒メスカルを。理想主義者の国際派ジャーナリストであるヒューは、兄を救おうとする。ハワイ育ちの失敗した女優であるイヴォンヌは、一年の不在の後にメキシコに帰還し、いまも熱烈にジェフリーを愛しつづける。だがすべて何の役にも立たない。酔いとは無時間であり、ジェフリーにとってはすべてが同時に、いまここにあるためだ。たとえばイヴォンヌがもった、ジャックおよびヒューとの不倫の過去も。自分の性的不能も。彼女を思いつづけた長いいくつもの昼夜も。

二人の個別の死の場面は茫然とするほどすばらしいが、再読しながら、そうとは知らず死へと歩み寄ってゆくイヴォンヌが初めてメスカルを口にするところでも、領事の終焉の場所となる酒場の主人が「グラナーダ」とスペインの地名をわざわざ発音し直すところでも、不覚にも涙せずにはいられなかった。グラナダは二人の出会いの土地。それがグラシア（恩寵）とナダ（無）に分割されて、二人の再会は失敗に終わる。「自分ももう死んでいるべきだったのだ」ということが、ジェフリーにはわかっていた。彼に残されていたのは結局その歩みを酔いのうちに現実化することだけだったのだ。

マルカム・ラウリー『火山の下』渡辺暁＋山崎暁子共訳、白水社、二〇一〇年

写真を どう語るか

畠山直哉が現代日本でもっとも理知的な写真家であることはまちがいない。光と像をめぐる根源的な問いをみずからに問い、つきつめて考え、歴史をたずね、その報告を明晰このうえない論理をもって語る。本書は彼が内外の美術館や大学や研究所で写真について話した講演集だが、その探求のゆるぎない一貫性と徹底性に目をみはらずにはいられない。

写真とは何か。彼にそれがわかっているというのではない。逆に彼は、師であった大辻清司が学生にむかってつぶやいたこんな言葉をわれわれに教えてくれる。「この歳になって、やっと写真が分からなくなりました」と。何気ないようでいて戦慄すべき一言だ。分からなさへの漸進的な接近。それこそ、ある何らかの事柄をめぐるすべての本質的な問いがしめす、特徴的な動きではないか。

畠山もまた、その道を歩もうとする。分からなさへの接近を可能にするのが、写真家としての彼の実践だということは、いうまでもない。研究者や批評家が思弁的な言辞を弄するのとは、

そもそも立っている地平がちがう。過去十数年の畠山の作品群の充実ぶりを思い出そう。「ライム・ワークス」では日本各地の石灰石鉱山の異様な静寂にみちた美しさを、「Blast」ではそれら鉱山にしかけられた発破により巨大な岩石が飛散し崩れてゆく姿を、「川の連作」ではわれわれの誰も気づかずにいた渋谷川の昼夜の表情を、その延長上にある「アンダーグラウンド」では渋谷駅前交差点直下の秘密の地下空間を、それぞれ見せてくれた。あるいはボブ・ショウのSF小説に着想を得た「Slow Glass」では、なんとみずから製作したカメラによって、高速で走る車のガラスについた水滴が宿す光を捉えた。どのシリーズをとっても、その構想力と、長期間にわたる撮影を持続する意志には、畏怖の念すら覚える。

その写真家が、写真のアルケオロジー（考古学＝祖型学）を試みる。写真という技術を「はじめから考え」ようとする。当然、写真術初期のさまざまな試みが問題になる。光化学の不思議が問題になる。アートが、都市が、建築が、写真との関係において論じられる。メタファーが考察され、言葉が検討される。絵画が省みられる。そこには考える目があり、動く手があり、あらゆる対象を前にじっとたたずんだり思わず駆け出したりする写真家の身体がある。

その行動力というか実践力というか手技の部分が、畠山を大きく特徴づけているような気がする。たとえば彼は持ち運びのできるカメラ・オブスクラを実際に試作し、それを屋外に持ち出して風景のデッサンを試みるのだ。十七、八世紀の画家たちがそうしたように。写真の像の成立を、少なくともこの段階からたどり直そうとしている。それを体験して初めて、絵画と写真の連続と断絶が見えてくるはずだ。しかしそこまで現実に試みる写真家はまず他にいない。

小さなテントにこもり、画用紙に投影される外界の光を鉛筆でなぞって行く。現れてくるのは不動の岩山の風景だ。すると突然、小さな点が画用紙上を動いているのに彼は気づく。よく見れば、それはつがいのカモシカ。ときどき動いてはこちらを見つめている。やがて悠然とその二つの点は画面を去る。「カモシカという自然が絵画から脱出して行く。」ここに「まるで人為に無関心であり続けるような自然の特質」を彼は見るのだ。鮮やかなエピソードだ。

かつて畠山直哉のことを、ぼくは「もっとも鉱物的な視線の持ち主」と呼んだことがあった。彼はいつもヒトの進化史の中で、事物の自然史の中で、写真を捉えようとしている。写真がもつ非人間性をありのままに受けとめ、自然と人為との接合点、光と物質との接触面で生じる像に、永遠に驚きつづける。写真の本質に興味をもつ人にとっては、必読の一冊だろう。


畠山直哉『話す写真――見えないものに向かって』小学館、二〇一〇年（のち小学館文庫）

そこにないものを想像する動物、われら

兎や鳥なら一羽、二羽。ライオンや蝶なら一頭、二頭。ではチンパンジーはどう数えるのが正しいか。答えは「ひとり、ふたり」です。かれらはヒト科であり、そのように遇されるべきわれらが隣人なのだ。

松沢哲郎さんといえばチンパンジー研究の第一人者。天才アイちゃんを最初のパートナーとして、きわめて近い種であるヒトとチンパンジーの差異を見極め、ヒトの特性を明らかにしようとしてきた。その彼が「遺書のつもりで書いた」という本書がおもしろくないはずがない。何という読みやすさ、内容の深さ。日本語が読めるすべての読者にとって、本年度（二〇一一年）第一の必読書だと断言したい。

話はまず著者が満一歳になったばかりのアイと初めて会った日の思い出にさかのぼる。赤ちゃんのアイは著者の目をじっと見る。著者が腕から抜いて与えた黒い袖当てに、自分でも手を通す。ただちに彼はチンパンジーがヒトでありサルではないことを確信する。「目と目で見つめ合うことができる。自発的に真似る。そして、何か心に響くものがある。」以後三十数年にわたる著者の探求の出発点だった。

北海道大学での集中講義をもとにして構成された本書には、松沢さんの探求のエッセンスが惜しみなく披露されている。探求は生態にも心にもわたり、その光がヒトという存在を逆照射する。たとえば人間の赤ちゃんがプニョプニョしている理由。それは巨大な脳を養うための、また森の樹上に比べてずっと冷え込むサバンナの地上に寝かされる赤ちゃんが体温を保つための、エネルギーを脂肪として蓄えているからなのだ。人間の赤ちゃんは寝かされて育つ。顔を覗き込まれ、そのたびに目を合わせ微笑む（これが周囲の人々に助力を促す）。人間の親子は物理的に離れているため、母親とは声でやりとりする。仰向けに寝て自由な手でいろいろなものを握りしめる。この観点からすれば人間の定義は「親子が生まれながらにして離れていて、赤ちゃんが仰向けで安定していられる」ことだと考えていい。目から鱗が落ちませんか。

あるいは人間とおなじく、チンパンジーの赤ちゃんにも新生児微笑があり、新生児模倣（舌を出したり口を開けたりして表情を真似する）がある。一歳をすぎて仲間と遊びはじめると、全員がおなじ格好でロープを伝ったり、おなじ対象をそろって覗き込んだりする。決定的な写真とともに紹介される社会的知性の発達が興味深い。さらに驚くべきは「見立て」の能力。生身の動物や木の枝を赤ちゃんに見立てて、子守りごっこをする。模倣や見立てを経験し拡大した心が、自分を離れた他人にまで届くようになるのは時間の問題だろう。調査地ボッソウで道路をわたる群れに見られる性別・年齢別の役割分担、そこに見られる利他性、互恵性、自己犠牲をめぐる洞察は、ヒトの利他行動の起源をも考えさせる。

そして本書のハイライトとなるのが言語をめぐる思索だ。チンパンジーもニホンザルもネズミもハトも、赤い色を見たら「赤」というシンボルを選べる。ところがかれらは「赤」というシンボルを見ても赤い色を選べない。人間だけにおいて、対象とシンボルのあいだの等価性が成り立つ。一方、チンパンジーは驚異的な直観像記憶をもっている。記号動物としての人間はモノを記号に置き換えることによって、そんな記憶力を失い、代わりに言語を得た。言語によりその場にないものについての想像力を発達させ、情報と経験の共有によるコミュニティの協同を飛躍的に発達させたのだ。

著者の結語が力強く、また重い。

「人間とは何か。それは想像するちから。想像するちからを駆使して、希望をもてるのが人間だと思う。」三月十一日以後の状況において社会と自然に対する私たちみんなの想像力が問われていることを、改めて思わずにはいられない。

松沢哲郎『想像するちから――チンパンジーが教えてくれた人間の心』岩波書店、二〇一一年

森と海をむすぶ視点が呼ぶ深い感動

この世界にある物と現象のつながりについて、われわれはあきれるほど無知だ。だがそんな無知に光がさしこみ隠れた連関を知ったときの感動は、何ものにも代えがたい。やさしい言葉で書かれた本書は真実の書であり、その真実とは生命のすべてを根底から規定する事実のことだ。

「森は海の恋人」という合言葉で進められてきた気仙沼の植林運動のことは、ご存知の方も多いと思う。天国のように美しい舞根《もうね》湾でカキやホタテを育てるために、地元の漁師たちが山に植林を始めたのは一九八九年のこと。その提唱者が畠山重篤さんだ。山は川により海につながり、森の富を水が運び魚や貝を育てる。いわれてみれば誰もが納得できるこんな認識を、じつはまったく無視したところで進展してきたのが近代日本の林業であり治水事業であり水産であり、つまりはこの列島に住む「社会」だった。恐ろしいことに、「社会」は土地を知らず、海を知らない。その無知がみずからの首を絞めていることすら気づかない。その危険に最初に気づくのは生命に日々直面している人、たとえば漁師だった。森を伐れば海が死ぬことを、かれらは身をもって知り、行動を起こした。

本書のおもしろさの核心は、その構成にある。事実上これは畠山さんの自伝といっていい。半世紀前、少年だった彼の家のすぐ近くに財団法人かき研究所が設立される。所長は今井丈夫。カキは植物プランクトンを食べればぐんぐん育つ。ところが肝心のプランクトンが思うように増えない。暗い顔の所員に今井先生が処方したのは、森の腐葉土だった。腐葉土の成分を殺菌して培養瓶に入れる。すると魔法のようにプランクトンの増殖がはじまった。

先生はそれを「森には魔法つかいがいる」と表現する。その意味をつきとめることが、畠山さんの使命となった。それ以来、各地のじつにさまざまな分野の研究者たちを訪ね、疑問をぶつけ、教えを乞うてきた。つねに現場の漁師として、自分が拠点とする海とそこでの経験から質問し、答えを探る。答えるのは、分析化学者、血液学者、海洋微生物学者、生命科学者、林学者、河川生態学者、水産学者。さらには漁師仲間、宮司、製鉄会社の技術者。こうした出会いを通じてつきとめられ、さらなる探求を誘ってやまないのは、生命にとっての鉄の重要性であり、それが魔法つかいの正体なのだった。畠山さんが体現する、いわば「具体の科学」とでも呼べる態度のもとに連環をむすんでゆく人々の見えない共同体こそ、本書の真の主人公なのかもしれない。そして土地と水に住む生命たちを見失いがちなわれわれの社会に、今後の生存のための道をしめしてくれるのもかれらなのだ。

鉄橋の下ではいいシジミがとれる。船が水没しているところには魚群が寄ってくる。こうした経験的事実は昔から知られていた。すべて鉄のせいだ。ではなぜ笹かまぼこは仙台名物なのか。仙台湾に流れ込む阿武隈川、名取川、七北田川、鳴瀬川、北上川が、森林でできた豊富な「フルボ酸鉄」をもたらすからだ。それが植物プランクトンを育て、食物連鎖が始動する。あるいは、「鉄人」ジョン・マーチンの業績。数千年周期で地球を一周する深層水の循環を視野に入れ、海水に含まれる微量金属を測定した彼は、栄養塩が豊富なのに植物プランクトンが少ない海域に欠けているのが鉄であることをつきとめ、北太平洋の漁場に鉄を与えているのが中国大陸の黄砂であることを明らかにした。この壮大なビジョンも、共有したい知識だ。

巻末近くで語られる「アムール川の奇跡」にいたるまで、鉄をめぐる著者の旅はわれわれの想像力を刺激し、地球という星と生命への誓いを新たにさせる。地球は何よりも鉄の星であり、生命の鍵は鉄が握っている。三月十一日にあまりにも多くを失った著者・畠山さんの「海を元気にする」活動を、ぜひ支援したい。

畠山重篤『鉄は魔法つかい——命と地球をはぐくむ「鉄」物語』スギヤマカナヨ絵、小学館、二〇一一年

神話が覚えていること

「かれら」が明言化せずに実践している思考を、なぞるようにして明るみに出す。人類学という知のあり方を、たとえばそんな風に想像している。人類学者クロード・レヴィ＝ストロースは「現代思想」のもっとも重要で深刻な思想家だった。生涯をかけて「現代」を相対化し、「思想」と呼ばれる営為の根源にあるいくつかの前提（たとえば文字の使用、歴史という枠組の採用、理性という特殊な判断の優先化など）に疑問符をつきつけた。人が「世界」と呼ぶ単位は、過去五百年のヨーロッパの侵略的拡大とその覇権が作り出したものにすぎない。それ以前の地球上に無数にうごめいていたローカルで多様な小社会群は、すべてこの拡大の動きに後戻りのできないかたちで巻きこまれ、単一のシステムが強いる均質化の作用のもとに、多かれ少なかれ似たようなふるまいを見せるようになった。端的にいって、外部世界を知らない「未開社会」がすべて失われたことが、二十世紀の世界史の最大の事件だった。それは人類史におけるある種の思考と伝統の、最終的な喪失を意味していた。

「神話的思考」と呼んでもいい。レヴィ＝ストロースの慧眼は早くからそのような思考のあり方に焦点を合わせ、形而上学・神学・理性哲学に色濃く規定されたヨーロッパ型の思弁とは別のかたちの「野生の思考」によって生きる人々に対する、しかるべき尊敬を呼びかけた。大著『神話論理』全四巻が完成したのは、一九七一年。すでに四十年が経過し、その全体が日本語訳で読めるようになっているにもかかわらず、南北アメリカ各地の厖大な神話の集積を相手取るその広大無辺の思考宇宙は、踏みこむことすらむずかしい。それでは彼の人類学の感触を少しでも味わうためにはどうすればいいのか。

答えはひとつ。『アスディワル武勲詩』（原著は一九五八年発表）を熟読することだ。入手しやすいかたちでこの訳書が再刊されたのを機に、再びこの特異な思考の道に正面から取り組んでみたいと思う。特異というのは、題材とされる神話の特異さであり、それを読み解く人類学者の思考の特異さでもある。いずれも強烈だ。分析の対象となるのはカナダ太平洋沿岸の土着神話、ツィムシアン族の英雄譚。アメリカ人類学の父フランツ・ボアズにより十九世紀末に採録された。文字にすればわずか数ページだが、じつに奇妙で異様な、おもしろい話だ。

その物語を追いながら、著者は土地に生きる部族の生活・制度・発想を読み出してゆく。並行して流れる二つの川に、春のキャンドル・フィッシュの漁期と夏のサケの漁期がある。飢饉に脅える冬を過ごす村から、かれらは季節ごとに漁場を移動して暮らす。神話はそんな一年の周期も、現実の地理も反映している。社会運営のあり方も、家族組織も、宇宙観も。話の中で現実と想像は入り混じり、思考はまるで逆転をルールとするかのようにして動的に進んでゆく。人類学者はさまざまな対立、物語のあらゆる転回点を、指摘してまわる。母と娘、下流と上流、地と天、山の狩と海の狩、男と女、飽食と飢饉、移動と不動、漿果と魚卵、結婚と独身、などなど。そこにたしかに語られているのに誰もが見過ごしてしまう差異の刻みを細心に洗い出すとき、初めて意識されるもの。それは土地の人々の心の、雲に投影された映像のような風景だ。

大きな構図をもつ論理の展開についてゆくのは、正直なところ骨が折れる。あらゆる論述は受け手の心の中でもういちど素材へとほぐされ、線的な進行を解除されていわば風景化されなければ理解されたとはいえない。その段階に達するために、ぼくはあと三回くらいこの論考を読み直さなくてはならないだろう。覚悟はある。そしてこうした地道な作業を通じてレヴィ＝

ストロースがめざしていたのが、人々が個々の与えられた自然の中でどのような生活を営みその様式がどんな判断に立っているのかを探るという、単純でしかも果てしなく遠い展望だということも、おぼろげながら想像できる。一緒にこの本を読もう。いつか語り合えるときもあるだろう。

クロード・レヴィ＝ストロース『アスディワル武勲詩』西澤文昭訳、ちくま学芸文庫、二〇一一年

味覚的
ポストコロニアル

中村和恵はあるときからぼくの中で特別な位置を占めるようになり、それは彼女が特異な感覚をもった文学的な旅人であることと無関係ではなかった。生身のニンゲンとして出会う前から、彼女の詩やいくつかの文章に惹かれたぼくは彼女を「豪気な人」と呼んでいた。オーストラリア気分、という意味です。オーストラリアやロシアや北海道。広大なところがよく似合う人だ。いずれも彼女が実際に住んだ土地で、それらの土地での経験に文章のはしばしでふれるときの彼女の明快なユーモア、突然の陽光につらられがきらめくような印象は、それ自体、旅において人が経験する楽しさや高揚感にまっすぐつながっている。豪気だ、彼女は。そして繊細だ。さらにその上に、ときおりふとさびしさや物悲しさの影がよぎるのでなければ、ぼくはそんなには彼女の文章に興味をもたなかっただろう。そのさびしさは個々の土地を横切ってゆくだけの存在にすぎない旅人の本質的なさびしさで、どれほど笑い転げるような発見や省察を記しても、その裏には人の世のはかなさへの視線がある。そんな彼女が食べることを主題としたエッセー集を著した。おもしろくないわけがない。

国境を越えると匂いが変わる。味が変わり、言葉が変わり、人々の顔も服装も挨拶の仕方も変わる。変化と国境がつねにぴったりと重なるわけではないけれど、国境がもたらす変化はやはり強い。そして地球のどこに行こうと人は生きるために食い、食物が現実に人を作っている。「皿めぐり航海記」という卓抜な副題をもつ本書は、地球のあちこちに移り住み、その先々でさらに小さな旅をくりかえす著者による、記憶の中の食べ物についての随想だ。文は人、というが、人は旅。文章に人がそのままに現われるのと同程度に、人物にはその人の旅が（物理的・精神的な遍歴が）拭いがたく刻まれている。いわゆるポストコロニアル文学（もと植民地だった土地とその人々から生まれた文学）の研究者である彼女の肉体と意識のさまよいが投影された文章は、読者をインドに、カリブ海に、タヒチに、オーストラリアに、ロシアに、エストニアに、北海道に、たちどころに誘う。そして旅は食、行く先々に日々の料理あり。イディリ、塩魚ケーキ、発酵したパンの実、ウィチティ、クリスマス・プディング、ブリヌイ、タリンのケーキ皿、くじら汁とポルボロン。彼女が体験した現実の食物は、また彼女が読んだ数々の文学作品にも直結し、彷徨が芳香を与え、舌と心が世界に覚醒する。

こうしてこの本は読者を何かに入門させているのだが、その何かが何かはにわかにはいいがたい。比較文化論、現代世界文学、食の人類学？　もちろんそのすべて、そして「中村和恵」という名の希有の感受性に。生まれ変わったら「湯気になりたい」という彼女の感覚にとって鍵穴の位置を占めるのが嗅覚であることは疑えない。「柑橘類やある種の花の香りは長く高く、遠くまで飛んでいく。香菜や栗の渋皮、鉛筆、牛乳の匂いは短くてつまった感じがする。抽象的な印象を与える香りにも長短高低がある。」さまざまな要素からなる知らない土地の空間を一瞬のうちに把握させてくれるのは、その場をおりなす種々の匂いの複合だ。それが出発点になる。匂いを嗅いだ、何かに気づいた、扉を開いた、さあ冒険のはじまりだ。その冒険は彼女にとって食べる冒険であり、考える冒険であり、読む冒険であり、言葉を知る冒険だ。そして書く冒険。夕焼けの横町の雑種の犬みたいなカジュアルな見かけをしているけれど、これはポストコロニアル世界の現況を探ろうとする、深い諦念と元気な運動感につらぬかれた、思想の本なのだった。

中村和恵『地上の飯——皿めぐり航海記』平凡社、二〇一二年

運動し流通する

写真

伝説の展示だった、といっていいだろう。『サーキュレーション』というタイトルをもって写真家は何を語ろうとしたのか。一九七一年のことだ。この秋、パリ郊外ヴァンセンヌ植物園で（そう、「植物」園で）開催された第七回パリ青年ビエンナーレに参加した中平卓馬は、完成作品を日本から送るという出品形式を拒み、妥協なき現地制作の道を選んだ。毎日、パリを歩き、撮影する。その日のうちに現像しプリントし「夕方から夜にかけて水洗後のまだぬれている写真を貼りつけ展示する」のだ。毎日、二百枚。主催者側とのトラブルから展示を中止する一週間後までに、およそ千五百枚。「ぼくは自身の〈思想〉なりイデーなりを、作品という形で外化するのを拒否し、逆に現実がぼくの〈思想〉やイデーに与えてくる衝撃、そしてそれがぼくにもたらす日々の変身とその振幅により強く惹かれた」と彼は記している。日々の撮影から展示にいたるプロセスの全体が、このときの彼にとっての〈表現〉だった。

壁一面に無雑作に貼られ、あるいは引きちぎられみずから剝離して床に堆積する屑と化した写真たち。本書はすでに四十年を経過したそのときの展示の、書籍ヴァージョンだ。その秋の短いパリ滞在に物質的に密着した、彼の目の前をよぎり彼の身体がそれに反応した数々の風景とイメージが、写真として定着され、何の説明もなく次々に並列される。サーキュレートという動詞は自動詞でも他動詞でもあり、それはパリ＝ヴァンセンヌのエリアを巡歴する彼自身と、その周囲に流通する実在＋イメージの総体の両者に、同時に言及しようとするものだろう。六八年五月の「運動」が街路を祝祭的革命空間にした記憶がたぶんまだ濃厚に立ちこめていたパリをサーキュレートしながら、中平はまるで何事もなかったかのような、あるいはすべてが同時に起こっているかのような、現代の世界都市の日常を撮り、問うてゆく。そして撮った写真をサーキュレートさせる。

写真家は巡歴という形式においてしか存在しない。世界は物質的循環という相においてしか存在しない。世界とその表象は絶えず互いに流通する、互いを流通させる。写真は流通という回路を経て初めて写真となる。

本書には『なぜ、植物図鑑か』に収められた中平自身のエッセー三篇も再録されていて、それを読めば当時の中平がいた場所、その焦れた感じが、しんしんと伝わってくる。そこに現れるのが中平の独特なアスケーシスとマテリアリズムだということは否定のしようもない。彼は書いていた。「アフリカはない。ラテンアメリカはない。第三世界はない。それらはみずからの存在の下部の下部へ降り落ちてゆき、もうこれ以上落ちきれない時点からみずからの意志と行動によって創り上げてゆく〈夢〉の次元にしかない。この夢が獲得された時、今や全世界はアフリカであり、第三世界である。」
アスケーシス、苦行。禁欲による自律、その方法論。制度による拘束を絶えずかわしつつ、めざされる標的はいつも〈全世界〉だ。人は多元的に決定された〈自己〉を徹底的に解きほぐしながら、終わりなき探求という誓いによって、結局は観念的であるほかない〈世界像〉を構築する。それはけっして到達できる地平ではなく、その像はどこまでいってもまったく不十分だ。それでもただ極小の枠、自分が日々の場所でふれるこの卑小な現実のいくつかの断片だけが、それに至る通路になる。そこへむかってサーキュレートしてゆくことの夢、必要、必然。一九七一年の中平がしめしたその姿勢は、現在においても、写真家以外の誰にとっても、世界を考える上での有効な示唆を多く与えてくれると思う。

中平卓馬『サーキュレーション――日付、場所、行為』オシリス、二〇一二年

年齢も境遇もちがう
六人の「さきちゃん」とともに

アメリカ南西部の先住民族ナバホの誰かが自分のおばあさんの思い出を綴る文章を読んだことがある。二十世紀前半の話。かれらが住む家は土間だった。おばあさんはそこを毎日たんねんに掃き清めた。行きとどいた掃除をする人で、わずかな物しかない家はいつもきちんと片付いていた。おばあさんは毎朝必ず太陽を出迎え高原の朝の新鮮な風に祈った。そして掃除もまた彼女の祈りであることを子どもたちはいつしか感得するのだった。きれいな土間の室内とおばあさんとの関係は、こうして朝の整った気持ちよさの印象とともに子どもたちに受け継がれてゆく。

よしもとばななの小説を読むたび、ぼくがたしかな手応えとともに連想するのは、たとえばそんなナバホの家族のことだ。小説とは意識も無意識も、明言されたこともされなかったことも、まるごと人に伝えるための最良の方法であり、作者と読者というそれぞれに孤独な二人の人間が奇跡の親密さを経験できる唯一の場所だ。登場人物たちの体験やかれらが考えたことを通じて、読者はいつも独特なモラルの風とでも呼べるものにさらされている。モラルとは生きるために誰もが設定しているものだが、ときどき点検してやらないと何が正しくて何がそうでないかを人は見失ってしまう。その点検がもっとも効果的に果たされるのは、たぶん小説や映画の物語空間に飛びこみ、そこにみちる感覚や判断を全身で浴びるときだろう。

本書は五つの短篇の連作集。主人公たちの名前が音において統一されている。早紀。紗季。咲。沙季。そして最後は、崎とさき。年齢も境遇もさまざまだがそれぞれにまっすぐでひたむきで健康な、おしゃべりか寡黙かとかいうことではない本質的な明るさ、光を感じさせるさきちゃんたちが、のっぴきならない自分の人生に淡々と朗らかに立ち向かう。小説がもつ大きな一般的役割は人の気分を変えることだ。物語を明かしたくないのでここでは何もいわないが、彼女たちの小さな反応や考えに大きな共感を覚えつつ、たしかにこの作品の光に照らされて気持ちが明るくなるのを、ぼくは実感した。

ばなな的世界観をつらぬくいくつかの基本的な考え方は、この新作でも変わらない。人生は、生命は、流れとしてある。丁寧で気合いの入った手仕事が、その流れを良いもの清いものにする。出来事は理由なく起こることが多いので、適当に受け流すことも必要だ。そして、見ること。目で見ることはそれ自体無力だけれど、その目に輝きを宿すことはできる。輝く目の素直さとは、たぶん人が最終的に誇れる特質だ。本書の物語たちはそんなメッセージを発しながら、明るい笑顔で、読者をそれぞれのつねに新鮮な朝へ未来へと送り出してくれる。

よしもとばなな『さきちゃんたちの夜』新潮社、二〇一三年

Neversという土地の名の意味

『二十四時間の情事』という邦題にいまではつい吹き出してしまうかもしれないが、映画史上に残る傑作だ。一九五九年公開、アラン・レネ監督。破壊の記憶が色濃く残る広島で、フランス人の女優とたまたま知り合った日本人の建築家が激しい愛を交わす。その会話からやがて浮かび上がってくるのは、悲痛な過去。主演のエマニュエル・リヴァの、かわいい明るさと狂気の表情がすばらしい。冒頭近く、当時の広島の街の移動撮影のみずみずしさ。未見の方にはぜひごらんになることをお勧めしたいが、一度見ただけでは呑みこみがたい複雑さを備えた作品でもある。

「きみはヒロシマで何も見なかった」「わたしはすべてを見た」というやりとりが、愛し合う肉体の断片的映像に重ねられて、物語がはじまる。二人の体に灰が降り、汗が流れる。二人の言葉は、どちらも正しい。ヒロシマをめぐる映画の撮影のためにこの街を訪れた彼女は、病院も資料館も平和広場も見た。だが広島をヒロシマに変えた原爆投下とそれにつづく状況を、直接目にしたわけではない。人は過去を見ることができない。おなじことは逆方向からもいえる。裸体をさらけだし互いをむさぼりあった後でも、男は女の過去を何も知らない。

情事の後の気軽なやりとりの中で、ふとヌヴェールという地名が口にされる。彼女の故郷、彼女が最初の愛を知った場所だ。そこから、過去の開示がはじまる。一九四四年に何が起きたのか、彼女の「気が狂った」のはなぜだったのかが、まもなく別れなくてはならない日本人の男にむかって明かされてゆく。のみならず、男はしだいに現実の彼以外の別の存在に変容するのだ。神話的、オペラ的、精神分析的、そのすべて。語ることができなかった何かが言葉へと浮上してくるプロセスが、二十世紀史のもっとも暗い部分をむすびながら演じられる。

シナリオはマルグリット・デュラス。植民地インドシナ出身のフランスの女性作家で、一般には一九八四年刊行の世界的ベストセラー『愛人』でよく知られているだろう。今年（二〇一四年）は彼女の生誕百年。二十世紀最重要の小説家のひとりという評価は、すでに定着した。このたび『ヒロシマ・モナムール』という原題のままで出版された本書は、映画のシナリオに、デュラス自身による粗筋と覚え書きを加えたもの。映画には直接現れない、この覚え書きの部分がすばらしい。注釈であり、短篇でもある。映画はもちろん映画だけで楽しめるが、この「シナリオ＋覚え書き」の全体は、それ自体を一個の特異な形式の小説として読めるものであり、この本（原著は一九六〇年刊行）に出遭ってしまえば、「映画＋本」の全体がひとつの分かちがたい塊をなすことになる。映画の謎めいた部分がいっそう増幅されるとともに、理解の光もさしてくる。

一言でいえば、ヒロシマとともに現れた「人類」の全面的破壊と、あくまでも個人的な愛の経験の対置。そして個人をどのようにでも圧殺してゆく社会の冷酷さと、その論理の頂点としての戦争に対する批判が強くこめられている。勇気ある作品だ。「平和」という状態がどんな忘却と嘘に立っているかを冷静に見せながら、想起を呼びかける。

本書のおかげで、映画の字幕の、ある決定的な誤訳にも気づいた。一九四五年八月、狂気を脱した娘は自転車で二日かけて故郷ヌヴェールからパリにむかい、そこでヒロシマのニュースを知るのだが、字幕にはこの二日かけてパリへという肉体的運動が反映されていない。そしてこれは余談だが、ヌヴェール Nevers という地名に英語の never が複数形で書きこまれていることを、ふと思った。けっして帰って行けない土地、時間。けっしてくりかえしてはならない悲劇、行為。

いつものことながら、工藤庸子の翻訳とゆきとどいた解説は見事だ。

マルグリット・デュラス『ヒロシマ・モナムール』工藤庸子訳、河出書房新社、二〇一四年

牛の胃の中にある希望の大地

四年前に原発事故が起きた後、おびただしい写真が土地のようすを伝えてきた。そのうちもっとも痛ましいイメージのいくつかは、動物たちのものだった。巨大技術の破局は人間社会に深刻な危機をもたらしたのみならず、おなじ土地に暮らす動物たちにも大きな苦しみを強いることになった。とりわけ、人間が飼い、放棄することを余儀なくされた動物たちは、家畜であれペットであれ、たちまち生存を脅かされ多くが死んでいった。人間がかれらに強いている生の条件の、過酷さが露呈した。

本書は、警戒区域に残された動物たちのうち、特に牛に焦点を合わせ、その命運から原発事故の意味を考え、傷ついた土地の未来を探ろうとする。なぜ、牛か。巨体が与える印象の強さは疑えない。著者が幼児のころから牛好きだったということもある。だがさらに大きな理由は、放射性物質の拡散により全面的に被曝する土地にもっとも密着して生きるのが牛であり、牛という種が人間たちの「経済」の都合に翻弄される家畜たちの命を代表するからだ。

震災後、放棄された牛たちは飢えと渇きで相次いで死に、死体は腐るにまかされた。消石灰をかけられ、埋葬すら許されなかった。五月の段階ですでに警戒区域内の家畜の殺処分が指示され、事実上、牛たちは死を運命づけられた。牛舎から放たれ、半ば野生化して生きる群れもわずかにいた。そして牛たちを見捨てるわけにはゆかないと、東電や国に対して、つまりは誰のどんな意志が編み上げているのかもわからない無責任きわまりない「システム」に対して、抗議の声を上げる人間たちがいた。それは命の現場からの声であり、かれらの行動に、人と動物の関わりの最前線があった。

超巨大事故としての原発事故が見せたのは、連動するシステムの全面的破綻だ。いざ事故が起きると「緊急時迅速放射能影響予測ネットワークシステム」はまるで機能しなかった。

一九九九年の東海村のＪＣＯ臨界事故時に必要性が指摘されていた事故対応組織は、原発の「安全神話」の前に立ち消えになっていた。警戒区域への立ち入り許可証を発行するオフサイトセンターの形式主義は、牛を生かそうとする活動を阻んだ。一貫しているのは、命の軽視だ。人や牛に留まる話ではない。土地のすべての生命に対する軽視と無責任が、経済化・技術化・官僚化された人間社会の根本的属性として前面に出てきたのが、原発事故以後いまにつづく状況だ。

それに対して、牛と土の接続されたあり方をしめすことによって、生命の側に立つ姿勢を励まそうとしているのが本書だ。牛の体内にもうひとつの大地がある、と著者はいう。セルロースを分解する牛の第一胃（ルーメン）をめぐるみごとな描写を見よう。野外で解剖される牛の巨大なルーメンは、白く輝く搗《つ》きたての餅のように見える。それを切り開くと「中から土色の塊が顔を覗かせる。ルーメンの内壁は緑色がかった褐色だ。その膜につつまれた大量の青草や乾草はかき混ぜられて、おびただしい土の塊のように見える。胃の袋が割かれて水平に広がると同時に、溜め込まれた大地の食物がいっせいに地上にあふれる。その瞬間、牛の内なる大地が外の大地とひとつになるのを私は感じるのだ。」

微生物、植物、動物。すべては接合され、共同で土地を営んでいる。そしてそのすべてが被曝を強いられた。人間世界の都合で人間が立ち入らなくなった地域で、牛たちが土地の守り手となってゆくヴィジョンを、著者は語る。山野に放たれた牛たちが野草を食べ、山林や田畑に人の入れる場所を維持してくれる。無用の苦しみを人が強いてきた牛が、未来においてもう一度、人を大地に、命に、むすびつけてくれる。現在の帰還困難区域にとって、もっとも希望のもてるヴィジョンだと思う。

眞並恭介『牛と土──福島、3・11その後。』集英社、二〇一五年（のち集英社文庫）

ウイグルの大地をみたす詩

ウイグルの名を聞いても、その土地をあざやかにイメージするだけの知識がぼくにはなかった。広大なモンゴルと広大なチベットのあいだにどれほどの広大な土地がどんなようすで茫洋とひろがっているのか、まるで想像がつかない。この地域の名トルキスタンが「トルコ人の土地」を意味する以上、ウイグル語はトルコ語と類縁関係にあるのだろうが、はたしてどれほど近いのか、見当もつかない。新疆ウイグル自治区と呼ばれる地域で、中国による苛烈な弾圧が人々に血を流させていることをニュースで見聞きしても、その人々の心を直接にうかがい知る機会はなかった。初台のウイグル料理店でトマト味のおいしい麺を食べたことがあるが、たぶんウイグル人にちがいないその店の人たちと話をしたわけではない。だからほぼ何の前提となる知識もなく、この本を手にすることになった。現代ウイグルの代表的詩人による作品の、選集日本語訳だ。そして詩を読むことはそれ自体が旅であり学習なので、これからはウイグルの名をこの詩集とともに記憶してゆくことになる。

翻訳詩を読むときの唯一のルールは、それが翻訳作品であるということを忘れて日本語の詩として読むことだろう。もちろん、これはかなりむずかしいことだ。日本語で書かれてはいても日本語の一般知識には組み込まれていない異質な要素が石ころのようにごろごろと顔を出すし、原語の言い回しを生かそうと思えば思うほど、日本語には通例存在しない言葉の並びを作り出すしかない。だからうまく意味のとれない表現に出会ったり、何か必要以上に迂回を強いられている気がしたりすることが、翻訳詩を読むときには非常にしばしばある。けれどもその反面、まさにそうした異質な鉱物をもつ風変わりな風景のせいで、他ではありえない独特な情感を体験することもできる。

詩集『ああ、ウイグルの大地』では、まさにそんな思いをした。詩集は「幼き日のお月さま」と題された連作ではじまる。「幼き日のお月さまの一つ」という第一行をもつ短い詩が、十四片。この行はおそらく「幼いころのある時」と解しておいていいもので、いずれも幼年時代の情緒や思考を点景として捉えなおそうとする試みだ。最初に置かれた「夢」という一片から、早速気になる点が出てきた。ここでは幼時のある夢が、月に喩えられる。その夢は「大きくならない」し、「聾　盲目　吃音」だ。「百万あるつばさで／羽ばたく／先祖の墓の上空を」。その後のしめくくりの二行にはっとする。「私が大きくなった時に知ったお墓の名／地球」。地球そのものを墓とするとは、いったいどういうことだろう。地球の全体を祖先の地と考え、そこにふるさとを見出すのか。言い換えるならそれはすでに、ある特定の土地との絆を断ち切られた、故郷喪失者の感覚だ。「すべてが故郷」と「すべてが異郷」とは、正確に重なる。

おなじ連作の第六片「アッラーの瞳」の全文も見ておこう。「幼き日のお月さまの一つ／想いの縁で足を垂らして座っていた／お爺さんが／父と母に／私がアッラーの瞳に座っていることを／アッラーの目が開いていても／閉じていても落ちないことを／ささやいていた」。いうまでもなくウイグルの人々はイスラム教徒であり、思慮深い子供だったころの「私」についての祖父のこの言葉は、この子が全面的にアッラーに受け入れられた子であることを示唆しているのだろう。けっして「落ちる」ことのない子供なのだ、アッラーに救い上げられて。とはいえこの詩集に宗教色が強いのかというと、そんなことはない。むしろ、詩集の全体が、詩と物語の、詩と宗教の、明確な境界線を提示しているように思えるところがある。

たとえば、こんな言葉。「私は詩と呼ばれる正の大地に立つ亡命者／信仰の秩序を越えてしまった者」。信仰が根拠であるとしたら、詩は根拠の不在にはじまり、宗教が秩序であるとしたら、詩は秩序に対する疑いだ。

あるいは、こんな言葉。「止めろ　シェエラザード／もう君の物語は十分／私は去る／（中略）／光り輝くたった一日の白昼が／千夜一夜を越える」。詩に秘密があるとしたら、その最大のひとつは時間の変容で、物語が時間経過の芸術だとしたら、詩は時間の解消ないしは瞬間のそれだ。だから「いにしえから荒野が／私に期待をかけていた／四季を一度にもってきてほしいと」。空間的には世界を、時間的には四季のサイクルの全体を、一気に掌握したいという性急さが、彼の詩にはあるように思う。

無理もないのかもしれない。新疆ウイグル自治区の首都ウルムチに一九六四年に生まれた著者アフメットジャン・オスマンは、シリアのダマスカス大学でアラビア文学を研究し修士号を取得している。ウイグル語とアラビア語で詩集を発表。ウイグルでは彼の詩は出版禁止・発売禁止とされており、現在はカナダのトロントに住んで創作活動を行っている。その経歴を見ただけで、彼が現代の亡命詩人のひとりであり、またエグゾフォニー（母語以外でも創作を行う）詩人のひとりであることがわかる。また、日本人の河合眞と組んでこの詩集を日本語に訳したムカイダイスにしても、おなじくウルムチ出身のウイグル人であり、上海華東師範大学でロシア語を学んだあと日本に留学、現在は日本語・ウイグル語・中国語の同時通訳者などの業務に携わっているそうだ。ひとつの大地が別の大地に接続されどこまで行ってもその連絡には終わりがないように、作者も共訳者も現代の地球大の詩学を、最前線で作り出している人々だといっていいだろう。

作者オスマンの想像力では生と死が循環し、夜と暗闇が特別な自由を保証し、その宇宙論は太陽と月を二つの焦点として織りなされているようだ。その精神の孤独は容易にはうかがい知れないが、彼が創作において実現しようとする「自由」の射程を想像することはできるだろう。「枯れ葉が落ちる　季節は秋でない／嵐　闇　平坦な道でない／私の真昼に月と星　夜に太陽／祖国と口にすると　血が滲む／これは言葉ではない　私の血」

政治的主題は何も出てこないが、だからといってこれらの詩が政治的でないということにはならない。そして現代のウイグル語で書かれながら、そこには複数の文学的伝統と同時代世界へのまなざしが、たしかに感じられる。「現代詩」と呼ばれる世界は小さいが、その小さな世界は逆説的にもつねに現実の大きな世界とその歴史、そして世界のすべての言語を包みこんでいる。本書は現代ウイグル語と現代日本語のあいだに新鮮な通路を開いた、記念すべき一冊となった。


アフメットジャン・オスマン『ああ、ウイグルの大地』ムカイダイス＋河合眞訳、左右社、二〇一五年

声を探し、声にすること

旅人としての姜信子の旅の遠さと果てしなさ、そこに賭けられたものを、草原の果てから緑にそよぐ草の波を見つめるように、波音が永遠にくりかえされる海岸で澄んだ水の影を見つめるように、陰影の濃い波に囲まれたひっそりとしずまる島で夜をわたってくる知らない誰かの歌声を聴くようにして知る、思う。そのためにうってつけの本が誕生した。彼女の驚くべき仕事を知らない人が、その世界に歩みこむための、事始めの一冊となるだろう。

ユーラシア大陸の端から広大な内奥部へと移り住んだコリアン・ディアスポラの人々を追い、流浪の中で歌と芸を身につけ人を楽しませることに生の活路を見出してきた八重山のおばあと旅し、企業の論理とその背後にある近代が命を省みることなく流した毒物により激しく傷ついた海とその人々を訪ね、別の病を得て強制的に家郷を追われ世間への扉を閉ざされた魂たちの声にならない叫びを聞き取ろうとする。

そんな彼女のこれまでの旅に一貫して流れていた問いの輪郭が、ここに集められた短い文章を通読することではっきりと見えてくる。「声」とは何、「顔」とは何。「近代」とはどのような論理であり、それがいかに命を蹂躙してきたか。そして、嵐よりも苛烈に生の地平線水平線を押し潰して襲いかかってくる力が残してゆく「世界」というジャンクヤードで、なおかつ諦めることなく、どんな「美」を作り出すことで命と命を連絡させ、新たな「はじまり」を上演し希望を発火させるか。

自分は「問いの巡礼」であり「顔の巡礼」であると姜信子はいい、両者はおなじことを意味している。ただし、彼女が対面し、みずからの顔をさらしつつ顔を見つめる相手は、生者には限られない。もう声を発することもできなくなった、沈黙によって語りかけてくるだけの無数の存在。「私のなかはからっぽです。私にできることは、私をあなたの沈黙に譲り渡して、沈黙のなかに潜む声で私を満たすこと。」自分が自分の声で充満した生者であれば、沈黙はそのまえで踵を返し、そっと立ち去ってしまう。自分が声を失い、位置する時空を見失い、内実のないうつろな器になったとき、誰かの沈黙がそこに入り、かすかな音をしだいに強く反響させて、失われた感情と記憶と歴史をいっぱいに伝えてくることがあるだろう。

そのとき、命がつながれる。命をつなぐことで、生の無意味が意味に反転する。つながれた者にとっても、つないだ側にとっても。あらかじめ壊れた者として、破壊された瓦礫の世界に投げ出された私たちの、あくまでも無力な戦線が形成される。だが、この無力をおいて、誰にとっても異郷であるこの世界に住みこむ道は見つからない。

「目に見えない、耳に聞こえない、形にも言葉にも記憶にもとどめられない、だからこそ忘れてはならないことが、私たちの傍らにはいつもある」と沖縄戦の死者たちを想起しながら彼女は記す。それが旅の動機、旅の意味。姜信子こそ、伊藤比呂美とともに、石牟礼道子の娘たちだと、ふと思った。壊れ物としての人間の生を、生者も死者も含めて、そっと救い出す。彼女らの強靭な生の哲学が、物語という狂気の形式をとって、いまなお社会を支配する「近代」という巨大な狂気から、一瞬われわれを正気に戻らせてくれるのだ。

姜信子『声――千年先に届くほどに』ぷねうま舎、二〇一五年

「北国の少女」をくりかえし聴きながら

読み終えたあとずっと、微熱が出たような気分でいる。読み終えたあと、外は灰色に曇った風の強い日であってほしいと思うような作品だ。そこに雲の切れ目から陽がさしてくれればいい。だれでも自分が知る空、海、浜、町しか思い浮かべることはできないのだから、その風景は小説がしめすものとはずいぶん違う、ズレた印象にしかならないかもしれない。けれども手応えはそのようにして初めてうけとることができる。「かたい冷気と、濃淡のある灰色。低くだだっぴろい空は、いつまでも見飽きない。厚い雲にいろんな絵を浮かべていると、きゅうに雲が裂けて光がさす。まっさおな裂けめに、西陽がまざる。子どものころは、天国が見えたといっていた。」この小説は映画的で、それも北欧、たとえばフィンランドやデンマークの作品を思わせる。物語も主題もはっきりしていて、舞台はこの上なく明確だ。このあざやかさが、映画でいえばシネマトグラフィにあたる文体の繊細により、ほどよくぼかされている。それで、熱にも言葉の量にも欠けているわけではないのに、作品がしずかになる。

石田千に最初に興味をもったのは、のちに彼女の最初の本に収められる短い文章を新聞の片隅で読んだときだから、ずいぶん前のことだ。一人称の代名詞を使わない文体に惹かれた。その原則はその後も彼女の中でつづき、いまではいっそうの洗練を加えているのかもしれない。その文体が小説を綴るとき、物語のナレーションと主人公の内面の発話が一体化し、でも主人公を第三者として扱うまなざしの距離は崩れず、それがたとえば撮影にはつきものの冷静さというか冷却の役目をはたすのかもしれない。主人公の名前も、どんな人間関係の中にいるのかも、一度には明かされず、移動する彼を追うカメラワークと周囲の人々との会話にしたがって徐々に明らかになってゆく。そんなところも映画的だと思わせる理由だろう。そこには字義どおりの意味でのサスペンス、つまり宙吊りの感覚がある。知識の到来は中断され、なかなかやってこない。それから次の日が来て、次の場面が来て、また何かが少しわかってくる。

人々がどんな配置を生きているのか、どんな出来事があるのか、どんな結末を迎えるのか、そうしたことについてはこの書評という場では、できれば語らずにおきたい。たとえば人間関係は、たしかに普通ではないが、現実味がないものではない。むしろその反対だ。新潟の本土と島（おそらく粟島？）に別れて暮らす、一種の拡大家族の構成は特異だが、そのあり方はまるごと信じられるものだし、それがシンの人生の枠組で、私たち読者としてはシンの名を知り彼が新太郎であることを知り姓が池田であることを知るよりも先に、その家族のかたちをほのめかされている。島に住む「倫さん」がいて、本土に住む「じいさん」（面とむかって呼ぶときはじいちゃん）がいて、二人ともが新太郎の母親の「ないえんのおっと」（新旧の）だということも、特に急ぐこともなく時がくればわかるようになっている。でも倫さんとじいさんも普通につきあっているし、倫さんが島から来るときには母親のりっちゃんと新太郎と四人でこたつを囲んで食事をすることもある。急がない語りそのものが、日常的な人と人との気遣いのような速度と距離感をもっていることも、だんだんわかってくる。

そして物語の主人公は新太郎で、この作品はこのうえなく正統的な芸術家小説の、傑作だ。新太郎がとりくむジャンルは彫刻、木彫。幼児期に喘息に苦しみながら育った小柄な少年が、熱狂のうちに摑みとったのがその道。きっかけは小学校三年のとき、異母弟の光太郎とともに参加した、島の神社の神楽踊りだった。その間然するところのない、みごとな一節を引く。「暗い面の穴から見るものは、すべて大昔みたいになる。家族も、景色も、ずっとまえにそこにいた原始人かだれか。そしてだんだん、自分が人間ではないものになってきて、からだのあちこちに目玉が増えてくる。さらに、そのようすをどこかべつなところから、もう一対の、いちばん大きな自分の目が見ている。どの目も、くまなく見わたせるその不思議な視界で、からだがとても楽に伸びるようになる。いつも光太郎と遊んでいる神社は、夜空高く松明が焚かれ、神々の庭となった。太鼓が、背骨の芯に降ってくる。借り物のようにふわふわと軽いからだを操り、手足を振りあげて舞った。ほんものの鬼に、のりうつられていた。」

これで、面を作ることに興味を覚えた。面を彫ることが神聖なことになり「だれにも見られないように彫ることが大事だった。」中高の美術部から、「岸川先生」の弟子になるために東京の美大に進み、いまは大学院の二年目だ。人生の岐路にさしかかっていることはまちがいない。いまは留学を考えている。シュテファン・バルケンホールが教えるドイツの国立カールスルーエ造形大学に、文化庁の給付金をもらって行きたいと思っている。

するとただちにバルケンホールの、あの異様な存在感がある人物像を、われわれも思い出すだろう。そしていまのいままでは海岸に転がる丸太のような抽象作品しか作れずにいた新太郎が、ここでは種明かしすることのできないカタストロフィにより、ひといきに別の段階へと飛躍をとげるのが、この小説のクライマックスだ。ひとりの人の心身とはその人生のすべての表現であると彼が考えてきたことも、さまざまな怒りもさびしさも、治療院でのバイトの経験も、倫さんから遺伝的に受け継いだからだも、じいさんに教わった刃物の研ぎ方も、すべてがそこに収斂する。

ある場面で倫さんがとぎれとぎれの声で歌うボブ・ディランの「北国の少女」が、新太郎が母の人生を思うときの手がかりになる。この小説を読み終えたら、ぜひ聴き直してみてください。悲しい美しさに打たれます。ディラン本人だけでなく、ピート・タウンゼントによる弾き語りヴァージョンも絶品。

石田千『家へ』講談社、二〇一五年

寄せては返す批判の言葉

異形の作品だ。上下巻、1100ページを優に超える。無限に波打っている。通常の散文ではなく、分かち書きで行頭が一字ずつ落ちてゆき、ついで一気に高まることが繰り返される。このレイアウトだけでも一見に値する。その特異な〈頁の景〉が描き出すのは何か。

錯綜するが、物語は歴然とある。一人称の主人公の激しい感情の吐露は極めて長い抒情詩とも呼べる。彼の内面に渦巻く言葉の氾濫は船酔いを誘うほどで、全面的に太陽の光にみちているのに明るさはそのまま暗闇に反転し、読者は途方にくれるだろう。「なぜか妙に心を打たれる」箇所も頻出する。

ほの見えてくるのは津波のあとの情景だ。一面の破壊の中、最初は生死もわからない三十歳の男の意識が体験を語り出す。ついで行動がはじまる。茫洋とひろがる瓦礫の土地に他に人はいない。打ち上げられた船を発見し物資を確保する。家を発見し、死体を発見する。埋葬する。そして……。季節と状況の設定からして、これは東日本大震災を直接に背景とするものではない。むしろその具体的経験をもう一度、古今東西の人間世界の普遍性の中に投げ込もうとする試みだ。

一回ごとに変化しつつ反復される波の性質を模すような文体が圧倒的だ。同形の言表《げんぴょう》が内容をずらしながら五回、七回と繰り返される。扇を開くように想像力が拡大され、われわれの現実がつねにいくつもの選択肢の一つをそのつど選び取って構成されるにすぎないことが、おのずから感得される。

その認識を通じて、生死の表裏一体という構造のみが永遠であることが、つきつけられる。その永遠の中で事物は循環し、出来事は回帰する。この作品に唯一の先行者がいるとすれば、それはニーチェ。ただしこちらのニーチェは、ごく卑近な現実と、汚辱の記憶に戻ってくる。生の批判、社会批判、言語批判、そのすべてであるような作品。それはやはり改めて「小説」

と呼ぶのがふさわしいのかもしれない。

丸山健二『我ら亡きあとに津波よ来たれ　上・下』左右社、二〇一六年

人生を変えるための小説へ

小説がもつ最大の役割は、人生を変えることだ。ひとりの人生を変え、ある集団の人生を変え、社会を変える。少なくとも、変化の可能性を夢のように提示することだ。それは小説に描かれた世界を、そこで起きる出来事を、そこに登場する人物たちの行動を、読者がそのままに真似る、あるいは実現する、ということではない。小説の中で起きている何かが触媒として作用し、何かを発火させ、読み終えたわれわれを思ってもみなかった方向にむかわせる。

むかうのは世界と社会と自分と他人をめぐる新しい見方であり、考え方であり、そんな考え方を手に入れること自体が、読者をさまざまな拘束から自由にする。その自由はまだ予感のようなものにすぎず、ひとりひとりの読者は指にささった棘のようにそれを経験するにすぎないとしても、その棘、その痛みが初めて作り出す新たな集団がある。その集団は、小説作品という棘に出会うまでは、ただ潜在しているだけ。作品が、潜在する読者たちの心のかけらを振動

させ、加熱し、暴発させ、反乱させるのだ。

木村友祐がそれぞれ二〇一一年と二〇一二年を費やして書いた二つの中篇小説が、『イサの氾濫』と題する単行本にまとめられた。それを通読して、いま述べたような小説の可能性を、改めて確認しておきたくなった。この二作が、一冊が、秘めている熱量に、胸騒ぎのようなものを感じるからだ。どちらも「震災後文学」にはちがいない。そして「震災後」の動揺に忠実に、あの日々にはっきりと見えるようになった社会と歴史のほころびを、きちんと考え直そうとしている。それは震災後の「後」を「過ぎたこと」として忘却に追いやろうとする者たちに対抗して、けっして決着がつくことのない「後」をつねにこの場に甦らせようとする意志の戦いでもある。というよりも、まさにそんな意志こそがこの本をつらぬく主題であり、それは「日本」近代の国家・社会・産業が、何を奪い、何を虐げ、何を殺すことによってどんな差異化を作り出し、その差異化のたわみを原動力として「発展」し、その発展を侵略と拡大につなげ、どんな破局を経験しようともその反省なき論理の自己展開をひたすら維持しようとしてきたか、しているかを、ごく小さな片隅の、誰の注意も引かないような人物の形象をつうじて浮かび上がらせようとする試みのかたちをとる。

「イサの氾濫」では、その人物は主人公・将司の、会ったことのない叔父・勇雄。とんでもない乱暴者で、故郷に容れられず、各地を流浪したのち、いまもどこにいるのかわからない。その「イサのじちゃん」が、なぜか主人公・将司の夢に現われるようになる。みずからも結局、東京での生活になじめず、四十歳にもなって宙ぶらりんのままの将司は、この叔父をめぐる話を聞くために、津波の爪痕の残る故郷・八戸に帰る。まず従兄から、ついで父の友人である角次郎から、イサをめぐる数々のエピソードや解釈を聞き、しだいにイサの人物像がはっきりしてくると同時に、イサへの無意識の同一化がはじまる。抱えこんだすべての傷、踏みにじられ否定されてきた記憶が、叔父にぐいぐいと引きつけられ、結晶する。

いうまでもなく、その人物像が勇雄本人とどこまで重なるのかはわからない。イサの「湧ぎ上がるような暴力《ぼうりょぐ》」「命《いのぢ》そのものの奔放さ」という表現自体、物書きでもある角次郎のものであり、それをかつての東北の地の蝦夷《えみし》たちにつなげる発想も、やはりこの地元の読書家から得たものだった。その吹きこまれた認識に立って将司が自分を勇雄になぞらえようと願うだけでは、この小説の力はごく限られたものにとどまる。

感動的なのは、「個」が崩れ集団化するプロセスにある。将司の夢にくりかえし現われた「更地」。それ自体、津波の後の、しかも瓦礫がすべて撤去されてなんの刻みもなくなった空っぽの土地を先取りするかのようなイメージだが、進退きわまり疲れきった将司は、すでにその更地から、まるで小規模な造山運動のようにしてたくさんの人影が出現するヴィジョンを得てもいる。かれらは将司が予感し期待する氾濫＝反乱のための予備軍だ。われわれが日頃どれほど目をつぶっていようとも、ひとりの人間（あるいはその形象）は、歴史と地理と言語と階級により編まれている。将司が見出した、イサと自分をむすぶ線には、「家」という精神的装置、東京／東北という分断に立つあからさまな搾取の構造、「消費」と「性」で回っているこの情けないまでに金銭化された社会における力関係、それらが生み出すわだかまりを無言で耐えなくてはならなかった人々の心（複数）が、すべて関わってくる。

小説言語は「個」を描くときにもっとも効果的なので、ここでイサが多くを担うのは当然だ。だがイサと将司をむすぶこの線はどのようにも延長され、小説空間からただちに外に延びて、現実に生身の生を送る多くの読者の私に、われわれに、そのまま刺さってくる。イサはひとりではなく、すでに群衆で、言葉を奪われたままこの巨大な穴のように嘘寒い社会に「悔しさ」を、そんな社会に翻弄される人々に「愛《かな》しさ」を感じるとき、われわれもまたひとりひとりのイサとなり、イサたちの首都への進攻に加担することになるのだ。

この作品でただちに気づくのは南部弁の会話だが、ここにもまたひとり別のイサがいると思わされるのが本書に収録されたもうひとつの作品「埋み火」の実質上の語り手であるタキオで、この短い作品は南部弁使用において「イサの氾濫」よりはるかに過激であり、その神話的枠組においてははるかに野心的だといってもいいだろう。「イサの氾濫」が果たしたマニフェスト的な役割をうけて、木村友祐が今後拓いてゆくにちがいない道を、よくうかがわせてくれる佳作だ。

東京の企業社会の中で成功した暮らしを営む政光を、幼なじみのタキオが訪ねてくる。不忍池近くの料亭の個室で相対し、ビールで乾杯したのち、ほとんど三十年ぶりに再会した二人は昔話をはじめる。といっても語るのはほとんどタキオで、小学校五年生のころの、政光がほとんど忘れていた数々の出来事を、子供時代そのままの言葉で描き出す。トモコという、男勝りの転校生の少女とともにした行動、そして「かねんじょ」と呼ばれていたアウトサイダー的な男や、浜辺に打ち上げられたナガスクジラにまつわる記憶。本当にあったことなのか、想像の産物なのか、それすらわからない数々の話から、政光が去ってきた土地の、忘却してきた過去が、異様な迫力をもって浮かび上がってくる。

大人が封印する子供時代の記憶の陰に、現代が封印する縄文時代の記憶が、その物質的証拠がある。これを枠組として、タキオを介して、政光にとっての過去が噴出する。それは彼がたしかに体験してきた過去と、体験したものの忘却した過去と、事実かどうかすら判然としない過去。過去の甦りと同時に、政光がおよそ思ってもみなかった、東京と地元の関係、産業と社会と階級の絡み合いに、光が当てられる。政光の忘却の核心にあるのは、トモコの（ものだとタキオが主張する）次のような言葉だろう。「あんだが言う神様も、幽霊も、いるわげながべ。この世はぜんぶ、ただのゴミででぎでんだべ。」かつて少年時代に衝撃をうけたこの言葉を忘れることにより、政光はまさに「ただのゴミ」が消費の快楽とむすびついてすさまじい速度で流通する、そしてその陰に途轍もない量の、生命をおびやかすゴミと毒を生み出す、現代社会に完全に適応して行ったのだ。

強烈に引き込まれる話だ。だが、この力作を読み終えたとき、ぼくは「これはない、ここで終わってはいけない」とつぶやかざるをえなかった。つかのまの再会ののち、政光はタキオと別れ、タキオがいわば友情の契約更新のために持参したある非常に重要なモノをゴミ箱に捨てて、現代と現在にあっさりと帰還する。それがこの小説の終わり。でも、それでいいのか？この小説が果たさなくてはならない最大の課題は、政光の人生を変えることではないか？それによって、人生を変えることには価値があると、現代社会のある部分にむかってはっきりと告げることではないのか？　現在あるかたちでの「埋み火」を序章として、物語が成人したトモコにより、政光自身が抑圧してきた「マサミっちゃん」により、延長されてゆくことを心から望みたい。そして、おそらく誰よりもしたたかな計算のもとで現代を生きている「ミオミオちゃん」によって。

作者が許してくれるなら、たとえばこの四人それぞれを話者とする、過去三十年ほどの日本社会の空虚な嘘をめぐる四部構成の六百枚ほどの長篇を、ぼくは非常に現実的な可能性として想像している。それもまた、イサが放つ矢の一本となるだろう。日本近代を演出してきた論理の破綻が宣告された、五年前のあの日々をつねに新しく想起しつつ、現在進行形で進む途方もない裏切りに対して、日本社会の「骨の芯から震えがくるほどの、この冷たさ」に対して、多くの人がみずからの権利としてあげるべき否定の叫びの、強力な先駆けとして。人が加わればわるほどさらに多くの人々が身を投じることになる、必要な氾濫への呼び水として。書籍としての『イサの誕生』が予感させるのは、小説とその実効性を新たに定義し直すような巨大な次回作だと、ぼくは思っている。

木村友祐『イサの氾濫』未来社、二〇一六年

グアテマラでユダヤ人として生きること

しっくりくる小説に出会った。ぼくの趣味でいわれても困るとは思うが、まあ話を聞いてください。作者はエドゥアルド・ハルフォン。この聞き慣れない姓はレバノン系らしいが、ユダヤ人だ。地中海アラビア語世界とヨーロッパで生きてきたユダヤの家系なのだろう。そして祖父母の代に、中米グアテマラに移住した。背後にあったのがナチスによる迫害であったことは容易に想像がつく。グアテマラのユダヤ人という超少数派の一家は、やがて内戦を避けてアメリカ合衆国へ。作者はそこで育つ。当然、英語作家になってもよかったはずだ。しかし成人後にスペイン語を学び直し、スペイン語作家となった。この履歴にまず強く興味を覚えるが、肝心なのは作者ではなく作品だ。

一般に人が小説に何を求めるかというと、まず筋書きのおもしろさ、ついで言語表現のおもしろさだろう。この配分は、そのつど異なるかもしれない。漱石の登場人物の誰かが「小説も非人情で読むから筋なんかどうでもいい」とかいっていたけれど、ぼくも割合、物語には興味がなく、言葉に惹かれる。だがもちろん、言語表現は語られる内容と不可分。何かに誘惑されないかぎり読みつづけることはむずかしい。

その誘惑の要素を、エグゾティシズムとエロティシズムに分けてみようか。前者は要するに異国情緒だが、語りの中に出てくる地名や料理、植物や風土などが、いながらにして旅をしているような気分にさせてくれる。これはありがたく楽しい要素だ。後者は端的にいって性的な描写であり、かすかなふれあいから濃密な交わりまで、程度の差はあっても小説をカラフルにしてくれるものだ。かといって、どちらも浮ついた話ではない。エグゾティシズムはローカルな題材と個別性にこだわり、エロティシズムは個別をつうじて人に普遍性を体験させる。そしてこの両者の組み合わせが、さらに大きな枠組、大文字の〈歴史〉を実感させてくれるとき、小説はまぎれもない傑作として輝きはじめる。

ハルフォンのこの本では、まさにそんな体験をした。短篇集の体裁をとっているが、元は三冊の本らしい。それが作者との相談の上、日本語版独自の編集により組み替えられている。まずは最初の短篇「彼方の」を読んでみてください。大学教師の文学談義（短篇小説論）かと思いきや、「土曜日、朝の7時に」車に乗ったところから、がぜん語りが精彩を帯びる。チャンプラーダやバナナのアトルのような飲み物、そしてグアテマラの田舎の数々の魔術的な響きのある地名。「私たちは昼食に七面鳥《チョンピペ》（彼らはチュントと呼ぶ）のスープと南瓜《アヨーテ》の砂糖漬けを食べた」といった文が楽しい。あるいは三つめの短篇「エピストロフィー」のこんな描写。「リアの話に耳を傾けるうち、私はふと、彼女のざらざらとしたこの世のものとは思えない声が、まるでミルクを満たした浴槽に全身を沈めて私に語りかけているような気がした。」その直前に出てくる、リア自身によるオーガズムのスケッチよりも、むしろこちらのほうがエロティックの度合いが高い。

本の途中から大きな存在になってくるのがセルビアの首都ベオグラードとジプシーのピアニスト、ミランで、グアテマラのユダヤ人とジプシーの親和性が興味深い。そして本のタイトルとなった「ポーランドのボクサー」とは祖父をめぐる重いエピソードなのだが、それについてはふれない。最後はただ、文学教師としての作者の言葉を引用しておこう。「プラトンは文学はペテンであると書いた。そこでは騙す人間のほうが騙さない人間よりも誠実で、すすんで騙される人間のほうが騙されない人間よりも賢いのだと。」すすんで騙されるに値する作品だ。そして騙された後の覚醒に、背筋が凍りつくほど、大文字の歴史が露呈している。

エドゥアルド・ハルフォン『ポーランドのボクサー』松本健二訳、白水社、二〇一六年

肉食について

真剣に考えるために

短期間の出張みたいな外国への旅で、ちょっと疲れがたまったなと思うときには、ひとりで肉を食べることが多い。欧米圏には少しずつスタイルがちがうステーキ屋がいくらでもあるけれど、できれば1パウンドくらいの肉塊を岩塩だけで焼く、アルゼンチン式のグリル。もともとスペインとの関係の深いアムステルダムなんかには、そんな店が多い。頼むのは肉とサラダ、そしてビールだけ。ステーキというとレアを推奨する人もいるが、ぼくは火が通っているほうが確実にうまいと思う。魚だって、刺身よりも一夜干しのほうが旨味が凝縮されている場合があるのと、類比的な事態かもしれない。

そして肉塊を頬張り、嚙みしめ、呑みこむ。そのうちだんだん元気が出てくる。あまり食欲がなかったのに、食べているうちにもっと食べようという気力が湧いてくる。でもその間、肉を提供してくれた牛のことは考えない。まず考えないようにしている。トウモロコシという不自然な飼料で育てられたアメリカの肉牛たちよりは、肉に草と日向の匂いが感じられる南半球の肉牛の肉を好むが、そこまでこだわるわけではない。そして牛たちがどんな風にそれぞれの命を終えたのかも、考えない。考えないことで自分の消費生活が成り立っていることを、認めつつ。内心忸怩たるものがある。

なぜなら肉を食べるということに、ある種の心の負債を感じているから。命を奪うのにみずから手を下したわけでもない肉を、その来歴もよく知らないままに商品として買い、それを平気で食べている。そこに潜む無責任さ、卑怯さ。自分の身を危険にさらすわけでも、育てたりあるいは狩るための努力をするわけでも、命を奪い解体する技や知識があるわけでもなく、ただ最終生産物としての肉を嬉々として口にする。そんな食肉消費者としての私は、仏教的殺生戒からいっても、宮澤賢治的な対称性の生命観からいっても、服部文祥的なサバイバル登山論からいっても、たしなめるべき、笑うべき、憐れむべき存在かもしれない。

今年（二〇一六年）は一月にフィラデルフィアで開催されたMLAに参加し、会場のホールに出店していたコロンビア大学出版局のブースで、この本に出会った。フランスの哲学者ドミニク・レステル（Dominique Lestel）による *Eat This Book: A Carnivore's Manifesto*（Columbia University Press, 2016）だ。原題は *Apologie du carnivore*（Fayard, 2011）で、Gary Steiner によるこの英訳は出版されたばかりのようだ。主題はまさに、肉食の擁護。レステルの本は読んだことがなかったが、動物や認知科学をめぐる著作を何冊も著している注目の哲学者で、何度か来日しているようだ。この本を飛行機で読みながら帰った。非常におもしろかった。

英訳のタイトルがしめすように、本の全体が食事のコースのように構成されている。「一種のアペリチフ」「アピタイザー」「前菜」「第一の料理」「第二の料理」「デザートみたいなもの」そして「あとがき」だ。予想できるように、機知とアイロニーの効いた着想と文体により菜食主義の根本にある考え方を批判しつつ、肉食とは義務なのだという意表をつく断言をも辞さず、その上で「肉食／菜食」という単なる対立には収まらない地平まで読者を連れだしながら、食べることの倫理を考えなおそうという提言となっている。

内容を簡単に紹介しよう。「アペリチフ」では、彼の立場が最初から鮮明にしめされる。本書で彼が批判しようとしているのは「倫理的菜食主義」の人々。つまり動物を虐待し虐殺することを嫌うという倫理的判断のためにヴェジタリアンである人々だ。これに対してレステルは「肉食こそ倫理的な義務」という立場を打ち立てようとする。彼にしてみれば倫理的菜食主義は人間例外主義だという。生きることは喜びと苦痛の両者を与え、与えられることにある。傷つけ、傷つけられることにある。罪のない生き方ができると考えること自体、幻想にすぎない。それが彼の考え方で、アルド・レオポルドやポール・シェパードの立場もこれに近いという。

つづく「アピタイザー」ではヴェジタリアンに対するごく簡単な定義が試みられる。内容は省略。

「前菜」では菜食主義の歴史がふりかえられる。輪廻を信じたピタゴラス学派は動物を殺すことを厭い、また豆を生者と死者、人間と神のあいだの特別なコミュニケーション手段とみなす思想のために（その理由は豆には茎に節がないから！）豆を食べるのは食人に等しいと考えた。プルタルコスは宗教的・倫理的動機ではなく殺され解体された動物を見ることが嫌いで菜食主義者になった。彼は、肉食は人を攻撃的にすると考え、人間は肉食動物なのではなく肉食とは文化的倒錯にすぎないと主張した。こうして古代からはじまって、二十世紀後半の対抗文化とむすびついた現代の菜食主義（栄養学的視点や食物汚染に対する懸念も大きな動機）にいたるまで、多くの立場がまとめて提示される。

「第一の料理」にあるのは、菜食主義者に対する疑義のいくつか。植物だって生きているし、感覚をもっているのではないか。存在に種ごとのヒエラルキーをつけ、人間を特別扱いすることは正当なのか。著者は正面からの批判を試みる。菜食主義者は生命の環からみずからを引き離し、生命界の互酬性の原則を見ようとしない。人間もあらかじめ分ち持つ動物性を、いさぎよく引き受けるべきだろう。哲学者クレマン・ロッセの「残酷の原則」や詩人ゲイリー・スナイダーの「息するものはすべておなかを空かせている！」といった言葉を引き合いに出しながら、自然界における捕食の意味を彼は考えなおし、肉食にはわれわれを謙虚にさせ、すべての生命の相互依存を思い出させてくれるものがあると説く。

こうして見えてきた方向性を、さらにガブリエル・マルセル、デリダ、エルンスト・ブロッホらの哲学的思考とつなげていくのが「第二の料理」と「デザート」。肉食の擁護はたしかに果たされるが、その結論はたとえば宮澤賢治が、あるいは各地の先住民文化が、われわれにしめしてくれるような対称性の人類学、命の互酬原則のヴィジョンと遠いものではなく、常識的に理解できる。そしてこのように肉食を擁護したからといって、それが富裕国における過剰な肉の消費や、それを支える工業的飼育や環境破壊を免罪することにならないのも、改めていうまでもない。

じつは本書のもっともおもしろい部分は、かなりの長さをもつ「あとがき」にある。食という断面に端的に現われるような、現代のグローバル消費社会における生命への軽視、それどころか生命への侮蔑といっていいほどの人間の傲慢を、レステルは深く憂慮する。そこにあるのはわれわれの社会の「地球で生きる生命の総体に対する、止むことのない自殺的攻撃」だからだ。「そこで私が主張したいのは、西洋型自由民主主義政治を、〈非宗教的立憲神聖政治〉へと移行させていくことなのだ。私が考えているのは立憲君主制に似ていなくもない、しかしより正確にいうなら〈非宗教的連邦アナルコ神聖政治〉」だと彼はいう。そして彼はここで「政治」を複数化し、「各地の独立した政体」という含みをもたせることを忘れない。新自由主義的グローバリズムがもたらした食の頽廃と危機に対する効果的かつ根源的な軌道修正には、政体つまり意志決定の様式の変化が欠かせない。

奇矯な提言に聞こえるかもしれないが、いわんとすることはわかる。宗教的倫理や価値観を離れて、あくまでも世俗の合議と土地ごとの決定に立ち、統治そのものに対する自己批判を忘れず（それがアナキズムの意味）、自然つまりは地球生命の全体を前にしての敬虔さを失わない。それは著者が引くとおり、ディープ・エコロジーの提唱者だったアルネ・ネスが語っていたような「非人間自然存在」をも含む政治への道であり、あるいはドゥルーズとガタリも大きな興味を抱いていた哲学者レイモン・リュイエルが述べていたような「基本的パガニズム（異教信仰）」にも通じる道であり、それ以前にそもそも世界中の土地の人々が旧石器時代以来連綿と維持してきた（いまではとことん追いつめられた）命の共同体に対する感覚を取り戻そうとする宣言だ。

そしてこの提言には火急の重要性がある。著者は気候変動だけでも西洋型自由民主主義の終わりを告げるには十分だという。非人間の生命を略奪しつくした上に、人類自身も滅びを選ぶのか。それともここで態度を改めて山川草木鳥獣虫魚の声に耳を傾け、別の未来を探るのか。わずか120ページほどの小著だが、一読すれば大きな課題を突きつけられる。授業でもとりあげたい一冊だ。

Dominique Lestel, *Eat This Book*, Columbia University Press, 2016.
その後、日本語訳が出た。ドミニク・レステル『肉食の哲学』大辻都訳、左右社、二〇二〇年

世界音楽を生きる

彼女の旅

ワールドミュージック、世界音楽。言葉としてはすっかり定着したといっていいだろう。ぼくが学生だった一九八〇年代には、ジャズやロックといったジャンルに入らない、そしていわゆる「第三世界」を背景にもつ音楽が、一括りにそう呼ばれていたように思う。聴き手の側にしてみれば、どんなつまみ食いも許してもらおう。中南米もアフリカもトルコもインドもなく、多様な音楽伝統とその現在の音にふれる機会は、過去三十年ほどで飛躍的に増えた。

では作り手、演奏家の側はどうか。世界音楽の多くは、それこそ八〇年代に話題になったリンガラ・ポップス（当時のザイール）やダンドゥット（インドネシア）といったダンス音楽にしても、そもそもロックンロールと地元音楽の融合が基本だろう。グローバルなフュージョン。そこには別種の伝統の出会いと探り合いがあり、駆け引きと創意工夫があった。作り手は冒険を求め、場と流れを作り、その上で創造にむかった。

遭遇が創造にむかうためには、愛の裏打ちが必要だ。仲野麻紀は二〇〇二年以来フランスを拠点として活動するサックス奏者、歌手。まさに冒険としての世界音楽の最前線を、現在形で切り拓いている音楽家のひとりだ。本書ではそんな彼女の旅が、活動が、音楽が、発見が、思索が、気取りのない素直な文体で綴られる。

本書を読みはじめてすぐに大笑いしたのは、牛とのエピソード。ブルターニュのある村で、湿原の牛の群れを背景にサックスを吹く。すると「ソの音をロングトーンで吹いた瞬間、なんと牛たちが一斉にこちらへ向って突進してきた」そうだ。「調子にのってミの音を鳴らせば、先方は知らん顔。さきほどいた場所へのそりのそりと戻り、草を喰む。それではと、ソの音階を吹けばまたもや突進猛進。音のもつ不思議な力を牛によって知った瞬間だった。」

牛にむかってサックスで語りかける姿が目に浮かぶようだ。そういえるのは彼女のライヴを何度か体験しているからで、そのソウルフルな演奏、美しい響きは、戸外でいっそう引き立ち、場所の全体をいわば自然化し、まるごとのふるえを作り出す。けっして大柄ではないのに、演奏中の彼女は圧倒的に大きく見える。活動の主軸はウード奏者でギタリストのヤン・ピタールとのユニットKyだが、かれらの音楽は一方でエリック・サティ、他方でアラブ、トルコ、ブルターニュ、西アフリカ、日本各地の伝統音楽へと次々に線を延ばし、結合し、独特な音響空間を生む。

音楽のフィールドワーカー（＝野良仕事の働き手）でもある彼女はまた音楽の友情に熱心で、たとえばブルキナ・ファソのバラフォン奏者ムッサ・ヘマやエジプトの盲目のウード奏者ムスタファ・サイードを日本に連れてきて、聴衆とのあいだに熱い共振が生じるような機会を、くりかえし作ってきた。本書にはたとえばそんな経験が、あるいはレバノンやモロッコで人々によって生きられる音との対話が紹介される。

それにしても旅から旅への人生だ。そして旅により数珠をつなぎあわせるように、彼女は小さな場所と小さな場所をむすんでゆく。「小さな共同体の中の、生活の延長線上にある音世界」を体験しつづけることにより、「異なる小さな世界の間」でシンクロするふるえを発見する。それ以外に世界の体験など、じつは存在しないのではないか。

思い出すのはカリブ海の詩人エドゥアール・グリッサンが使った「世界の響き」（エコー＝モンド）というフレーズだ。世界のどんな場所にも、他のすべての場所が響きわたっている。仲野麻紀のヴィジョンと、完全に共振しているといっていいだろう。そしてすべての音楽は他の音楽に誘いをかけ、匂いをかぎ、一緒に踊りたがっている。すべての動物たちのように。彼女の音の旅はつづく。


仲野麻紀『旅する音楽――サックス奏者と音の経験』せりか書房、二〇一六年

言語学小説はいかにして可能なのか

単語について考えることがある。単語というか、果物でも魚でもいいのだが、ある物の呼び名の通用範囲と土地の生活の関係。たとえば日本語が鱈と呼んでいる魚が、英語ではコッドだったりポルトガル語ではバカリャウだったりして、国というより土地によって名前がちがっても生物学的におなじ種類でありその肉はおなじテクスチャーをもっていて料理人にはそのことがわかっている。

その名前はもともといくつあったのか。昔はひとつの呼び名はもっとずっと小さな範囲でしか通用しなかったのかもしれない。あるいは、その魚が行くところ伝聞のようにしておなじ名が習い覚えられ、結構な範囲に広がっていたのかもしれない。海はひとつだし、海に沿って移住した人間はたくさんいただろうし。いずれにせよ現在の国単位で標準化された呼び名とは別の大小の区分が生じていたはずで、人々の生活においてモノの流通とコトバの流通はゆらゆら揺れながら並んで歩いているだろう。

魚に限らない。世界にあるすべての物事は人によってある名で呼ばれ、その名は土地ごとに重なり合いつつも変遷していく。そのせいでわれわれの旅は土地の移動とともに名の移動でもである。土地を移動しながら、避けがたく、言葉のレベルでも移動していく。言葉のレベルで私たちは理解不可能な新しさと、教わったわけでもないのに勝手に類推が効いて突発的にわかってしまうことへの出会いを繰り返し、その経験によっていっそう感覚が磨かれて、それがおもしろくてさらに遠くへ行ってみよう別の場所とその場の音を体験してみようという気になったりする。旅に終わりがないということをはっきりと認識するが、その終わりのなさはじつは言葉が作り出すものだということも漠然と悟っている。

多和田葉子の胸が熱くなるほどすばらしい新作を読みながら、ぼくがぐるぐると考えていたのは、そんなこと。これは旅の小説であり言語学小説。それぞれに軋むような名をもつ数人の人々が、不思議な機縁にむすばれて、偶然と意志がモザイク状に混じり合った旅をつづける。それが章ごとに設定された別々の話者の話として展開し、読者は複数の語りを追いつつ自分もかれらとともにヨーロッパのかなり広い範囲を、あまり馴染みのないかたちで体験している気がしてくる。それが楽しい。グリーンランドとコペンハーゲンの関係なんて日ごろ考えたこともなかったし、ドイツのトリアーとフランスのアルルをむすぶ線についてもそう。数人の主要人物の背景もおよそありきたりなものではないし、かといって、とても信じられないほど突飛なものでもない。いわば地に足の着いたリアリズムとワイルドな想像力の爆発の配分がいかにも作者ならではのもので、カジュアルな冒険を演出していくその方法的洗練が圧倒的ドライヴ感とともに高まっている。

主人公のひとりはクヌート、デンマーク人、言語学専攻の大学院生。彼がたまたまテレビである女性が話すのを見かけたのがすべての発端だ。彼女は中国大陸とポリネシアの間に浮かぶ列島からヨーロッパに留学しているうちに、山を削りすぎた自分の国が太平洋に沈んでしまったという。以後、スウェーデン、ノルウェー、デンマークと移住した彼女は、これらのスカンジナビア言語を自分で混ぜ合わせた汎用性の高い個人言語「パンスカ」を話す。クヌートはこの言語にたちまち興味を抱き、彼女に会いに行く。

やはり主人公のひとりであるこのアジア人女性の名前はHiruko、いうまでもなくそれはイザナギとイザナミに捨てられ流された不具の子の名、国産みの陰に抑圧された記憶の名。母国消失とともに流浪を運命づけられた彼女は、失われた母語の話者との出会いを求めてクヌートとともに旅をはじめた。以後、トランスジェンダーのインド人アカッシュ、ドイツ人女性のノラ、テンゾという名の日本人だと勘違いされているエスキモーの青年ナヌーク、福井出身の日本人の料理人Susanooと、話者が増殖し、地理が拡大し、関係が錯綜し、物語が加速する。おもしろい。そして引き込まれる。

これが言語学小説だというのは、クヌートとHirukoがいずれも言語学者であるのみならず、言語をめぐる意識が物語のエンジンにもなっているからだ。テレビで初めてHirukoの言葉にふれたクヌートはこう思う。「彼女の顔は空中にある複数の文法を吸い込んで、それを体内で溶かして、甘い息にして口から吐き出す。」Hiruko自身は移民の言語についてこう考えている。「わたしたちはいつまでも移動し続ける。だから、通り過ぎる風景がすべて混ざり合った風のような言葉を話す。」語学の才能に恵まれたエスキモー青年テンゾ／ナヌークはこういう。「語学を勉強することで第二のアイデンティティが獲得できると思うと愉快でならない」「一つのアイデンティティで終わってしまうのでは人生にあまりに膨らみがない。」

そしていちおう全体の中心的なカップルといっていい言語学者の二人、クヌートとHirukoが強く共有するのは遠さへのあこがれで、これがかれらの生きる物理的世界を全球化する。「終止符の存在しない言語だってあるに違いない。終わりのない旅。主語のない旅。誰が始め、誰が続けるのかわからないような旅。遠い国」（クヌート）。「クヌートとの会話に使うのは自分で作った不完全な即興言語なのに、言葉が記憶の細かい襞に沿って流れ、小さな光るものを一つも見落とさずに拾いながら、とんでもない遠くまで連れて行ってくれる」（Hiruko）。

こんな言語の旅、現実の旅をつづけつつかれらが見ようとしているのは、従来型の「帝国」とは異なるimperiumなのかと、ふと思った。ローマ帝国への言及がところどころにある。あれだけの広大な版図をべったり支配することは、どんな皇帝にもできはしない。むしろ各地の都市の独立性やローカルな特色が、帝国が保証する移動の自由により際立ってくる。移動の自由といったが、冒頭で述べたとおりすべての土地と言語は分ちがたく層をなしている以上、その自由を真に裏書きするのは非ネイティヴ的言語能力、むしろ〈言語意欲〉なのだともいえそうだ。

こうしてこの小説は言語の作家・多和田葉子の面目躍如たる記念碑的作品となったが、その結末の気分が強く示唆するとおり、すでに続篇を呼び、終わることのない遠さへの闘志をあらわにしている。期待しよう。旅はつづくだろう。

多和田葉子『地球にちりばめられて』講談社、二〇一八年（のち講談社文庫）

現代において芭蕉を追うこと

「忘却と記憶。その分岐点はどこにあるのだろう。」本書の最初の問いだ。自分の個人的な思い出についてなら、誰でもそんな疑問を抱いたことがあるはず。それでは一社会を襲った巨大な出来事について、当の社会は何を記憶し、何を忘れ、どのような指針をもって未来を築こうとするのか。これは個人の意志の単純な総和にはならない。社会を編み上げる複雑な利害関係にしたがって、何かを忘却させようとする大きな力がいとも簡単に勝利を収めることもある。

この根源的な問いを内に秘めつつ、本書は作家が試みた心の旅を、おもしろく感動的に記録する。時は二〇一二年。この年、満五十歳を迎えた小説家・朗読家のドリアン助川は、日本文学史上最高の紀行詩文である芭蕉「奥の細道」の足跡を追って、旅に出る。もちろん、俳聖は自分の足で歩いた道程だ。われわれ同様、時間に縛られた現代人の作家は、折りたたみ自転車を使った単独行を選んだ。全体を四つの行程に分け、八月にはじまる足掛け三か月、それぞれの始点・終点へは鉄道を利用しながら、ざっくりいって一週間ずつの旅を四度。芭蕉の過酷な旅をわれわれの日常感覚に近づけてくれた。

「自転車行による震災翌年の新しい奥の細道」だ。それは時空を超えて芭蕉の旅に思いを馳せると同時に、現代社会の根源的問題を考えつづける道行きともなるだろう。問題の最たるものに、巨大技術の破綻がきわめて広範囲に影響を及ぼした福島の原発事故がある。日本海側に出ても、柏崎刈羽や敦賀原発の直近をかつての奥の細道のルートが通っている以上、原発は脳裏を去らない。小説家は愛車メグ号（メグとは彼の小学生のころの愛犬の名）に線量計を搭載し、行く先々で放射線量を計測することにした。

こうして旅がはじまった。出会いと発見、期待と落胆。そのすべてを超えて、ときどき思いがけない瞬間に現われる光のような啓示。さすがにあの感動的な国際的ベストセラー『あん』の作者、等身大の人情噺と気負いのない感情の動きに、いつしかはっきりと、われわれも彼とともに旅をしているという気分に誘われる。小さな思索、小さな動揺、小さな後悔、小さなよろこび。日々の暮らしにおいてもつきもののそうした要素が、旅という非日常ではよりくっきりと浮上する。未知と偶然にさらされつづけるせいだろうか。肉体を含めた全面的な経験が、途切れ目なくつづくせいだろうか。

走ればだくだ。道路には危険も多い。ずぶぬれになることもある。めしも酒もうまい。思いがけない親切に救われることもある。巻を措く能わず、一気に通読した。

心に残るエピソードは目白押しだが、みなさんの楽しみを奪わないよう、あえて紹介しません。それでもというならただひとつの映像的場面を。新潟県と山形県をむすぶ米坂線の坂町駅。他に誰もいないそのホームで、いかにも場違いなリクルートスーツの女子大生がひとり、あと一時間は来ない電車を待っている。あんぱんひとつ食べながら。いったい何のために、どこにむかって。つかのま言葉を交わし、その理由を聞いて、別れたあと作家は（あの子が幸せになりますように）と願いながら涙をぬぐう。これはいい話だ。至純の心ねがわくは。彼女のような若者こそ、現代日本社会の、小さくても確実な光にちがいない。

ドリアンさんのあざやかな筆致のおかげで、行ってみたい土地がふえた。前から気になっている月山はもちろん、鶴岡や糸魚川、新湊の内川地区など。どこに行ってもその土地その場所の光があり、地形と気象があり、人の暮らしがあるにちがいない。「光は物語る。光は導く。

光は常に新しい」。何度でもそのことを確認しながら、彼の旅はこれからもつづくだろう。信頼できる男だ。いや、人間だ。

ドリアン助川『線量計と奥の細道』幻戯書房、二〇一八年(のち集英社文庫)

生命をめぐる態度の変更について

あなたもとっくに気づいていたはずだ。人間世界の、ある暗い秘密に。秘密というか、ほとんどの人間がそれに目をつぶることでようやく心の平静を保っている、ヒトの原罪とも呼べる日々の事実に。動物たちに対する恐るべき残虐、動物の命に対する途方もない負債がそれだ。

われわれはおよそあらゆるかたちで動物を利用している。肉として、毛皮や骨として、卵や乳として、労働力として。衣食住の全面にわたってさまざまな動物たちをむさぼり、使い、さらにはペットの役割を押しつけたり、ヒトの身代わりとして種々の実験や体験を強いたりもする。その過程で、驚異的な数の動物たちを、来る日も来る日も殺してきた。市場社会が完成した先進国では、その殺しの現場を巧妙に隠し、消費者たちを商取引により免罪しながら。

単刀直入にいう。本書だけは、ぜひ読んでほしい。なぜなら、われわれの社会はすでに、ヒトと動物との関係を全面的に考え直さなければやっていけない段階に達していると思うからだ。動物の命を考え、そのむこうに広大にひろがる植物や菌類の命を考え、地球生態系の中での人間の位置を深刻に反省する必要がある。総体としてのヒトのグローバル社会は、生命そのものを侮蔑し、それに敵対している。そしてこの事態はそっくり人間社会によって内面化され、人間相互の凄絶な殺し合い、傷つけ合いを引き起こしている。この現状に、これ以上目をつぶっていていいものだろうか。

文芸評論家で、野宿者支援運動に長く関わってきた著者が、動物の命に正面からとりくむ本書を書いたことには意表をつかれたが、次の瞬間には深く納得できた。副題にいう「国家・資本・家族の変容と動物たち」が、意図を明確にしている。野良猫を苛め殺すことと野宿者を襲撃することが、無関係だろうか。家族に対する虐待と、ペットに対する酷薄な態度は、無関係だろうか。経済動物に対する残虐と、ヒトの労働をめぐる卑劣さは。戦時の動物の扱いと、国民の命の軽視は。いうまでもなく、すべてが連動しているのだ。ヒトが作り上げた、命を破壊するシステムが、国家も社会も組織も個人も、すべてに浸透し、貫通している。

本書は〈人間と動物の関係〉といってわれわれが思いつくような話題と論点をほとんど取り上げている力作だが、「前篇」では主に人間が動物に何をしてきたかが語られる。震災後の動物たち、ペット、捕鯨、肉食、動物の権利、といった問題群だ。短い「間奏」はフロベールとメルヴィルの短篇小説をとりあげて、動物を通じてヒトがいわば〈天使〉を体験する瞬間が描かれる。そして「後篇」では積極的に、人間と動物たちのむすびつきにより、われわれが生の意味を新たに見出す可能性が語られる。

教えられることは枚挙に暇がないが、有名な「生類憐れみの令」で知られる五代将軍綱吉が、同時に鉄砲管理を全国化し、朝廷儀式の大嘗祭を二百二十一年ぶりに復活させたということにはアッと驚いた。水田開発、肉食忌避、尊皇、中央集権。その後の国家による生命管理の原型が、このころ作られたというわけか。

「人間と動物との共闘」を著者は果敢に説く。国家・資本・家族により利用され捨てられ奪われ苦しむことは、人間と動物をおなじ地平に置く。重度身体障がい者で、それまでどんな反応も見せたことのなかったイギリスの少年が、野生動物センターで子オオカミと対面する場面は、とりわけ感動的だ。両者は見つめ合う。子オオカミが少年の顔を舐めはじめる。少年の目から涙が湧き頬を伝う。いったい何が起きたのか。確実にいえるのは、必要な共闘は種を超えた共感にはじまることだ。命を生かす。より少なく傷つけ合う。そんな文明への転換をめざそう。

生田武志『いのちへの礼儀——国家・資本・家族の変容と動物たち』筑摩書房、二〇一九年

気まぐれ経済のユートピアについて

こんな人類学があるのか、と目を開かれた。快著だ。チョンキンマンションとはいかにもユーモラスな音だが、漢字では「重慶大厦」。香港の目抜き通りに位置する建物で、一、二階には各種店舗やレストランが並び、上に安宿がたくさん入っている。商売のために香港に来たタンザニア人も、たくさん住んでいる。タンザニアの零細商人たちの行動を、みずから行商人になって研究してきた著者が新たなフィールドに選んだのが、この香港におけるタンザニアの飛び地だった。最初に出会ったのは「チョンキンマンションのボス」を自称する中年男カラマ。「難民」として香港に入り、不法就労しつつアフリカ諸国との中古車ビジネスを開拓した彼に密着しながら、人類学者はかれらの経済活動とその背後にある考え方を観察する。

カラマと周辺の人物像に、たちまち引き込まれる。調子がよく、どこに行っても我が物顔、グータラだが人当たりはよく、いつも何かを企んでいる。Instagram などのＳＮＳのヘヴィーユーザーで、動画や自撮り写真をアップしたりコメディ動画を見つけて人に見せたり、毎日かなりの時間を費やしている。怪しいやつ。だが一方でタンザニア香港組合の創設者でもある彼は、困った同胞たちの面倒をしっかりと見る。突然死した知人の遺骸を本国に送るためにみんなからお金を集め、連携プレーを組織する。その助け合いぶりは感動的ですらあるが、話はわれわれが美談扱いできるほど単純ではない。まさにそこからが、人類学者の出番になる。

全員がみずからの起業家であり、つねにビジネスの機会をうかがっているかれらが依拠する倫理と論理はいったいどんなものか。無理はしない、他人の事情を詮索しない、何事も「ついで」の精神で。誰も信用せず、状況に応じて行動し、うまくいくこともいかないこともある。SNSを使って「TRUST」とかれらが呼ぶ非公式の仕組みを作り上げ、取引、送金からファンディングにまで利用する。われわれがつい人生の原理としたがる閉ざされた互酬性などなく「不定形で異質性の高いメンバーシップにおいて、誰かに負い目を固着させることなく、気軽に無理なく支援し合う」ことをめざす仕組みが、現実に中国とアフリカ諸国を密接にむすぶ。

「私は、贈与によって誰かに負い目と権力が生じるのが嫌なのだ」という人類学者の言葉に感動した。だって日本社会の大きな部分が、そんな互酬性の厳格化により人心を支配してきたのは明らかだから。香港のタンザニア人たちのジェットコースターのような暮らしを見ながら、われわれはついそれを「目的地に至る旅の過程」と思い込んでしまうだろう。だが著者はこう思い直す。「日々の営み自体に実現すべき楽しみが埋め込まれていれば、一生を旅したまま終えても、本当はかまわないのだ」と。

「誰かの気まぐれによって必ず生きていける分配経済のユートピア」を夢想していると彼女はいう。それは確実に、この冷たくよそよそしく楽しくない現代日本社会の対極だ。

小川さやか『チョンキンマンションのボスは知っている――アングラ経済の人類学』春秋社、二〇一九年

世界史の最先端を生きた島へ

フォルモサとは台湾島のポルトガル語名。その「美麗」な島の近代の起点を主題とする小説だ。たくさんの登場人物の運命が交錯するが、ひとりひとりの行動や視野は限られ、歴史の全体は誰にも見通せない。それが小説という形式によってのみ、いきいきと甦ってくるのが実感できる。

そしてここに描かれる歴史は、何と驚くべきものだろう。まったく知らなかった世界だ。この無知は、断言してもいいが、現在日本語を使って生きる大部分の人が共有するものだろう。あなたは一八六七年の東アジアの状況を考えたことがありますか。清国や日本が開港・開国を迫られ、欧米諸国の力にさらされ、あらゆる局面がその後の歴史の分岐点となるような時代のことを。ぼくは考えたことがなかった。いま、そのことを愧じる。

そもそもシャルル・ルジャンドルという実在の人物を知らなかった。この小説が描く一八六七年のアメリカ船ローバー号の台湾南部における海難事故と、その後のアメリカと台湾原住民のあいだの衝突の、事後処理にあたった人だ。フランス出身のアメリカ軍人で、当時は駐アモイ領事。この衝突はアメリカが南北戦争後にとった最初の軍事行動で、この機に締結された協定「南岬《なんこう》の盟」は台湾人にとっての最初の国際条約だったという。そしてルジャンドルを相手にこれを締結したのは台湾原住民の「下瑯嶠《からんきょう》十八社総頭目」トキトクだった。

物語は瑯嶠と呼ばれる台湾南端部（現在の恒春半島）を舞台として展開する。どれだけ強調してもしすぎることにならないのは、この土地があらゆる意味で歴史の交錯と混沌の最先端に位置していたという点だ。東アジアと欧米のみならず、近代世界と先住民世界のせめぎあい。大陸と島々、国家と国家に抗する社会の対立。清朝からは「化外《かがい》の地」と呼ばれ、文明の外とされてきた「番地」（山地）こそ、じつはわれわれが「近代」の正体を見極めるための、鍵をにぎるエリアなのだ。

驚異的な多言語多文化の土地だ。「傀儡番」とはこの地域のいくつかの土着の部族。「生番、土番」とはもともと台湾に住む原住民一般（現在の台湾では「原住民」が正式名称）。平埔族とは西部平原の原住民だが多数が統治民族に同化。福佬人とは福建省出身者で閩南《びんなん》語を話し、客家《はっか》人や原住民からはパイランと呼ばれる。客家人も大陸の広東省・福建省からの移住者だが客家語を話し、福佬人や原住民からはナイナイと呼ばれる。さらには「土生仔《トゥサンア》」という福佬人と平埔族の混血グループ。いわば「土地っ子」だろうか。かれらは客家人に優越意識を抱いているという。

原住民といってもいくつもの部族があり言語があるわけだから、この混沌ぶりは痛快だ。そして本作でもっともあざやかな印象を残す登場人物、蝶妹《ティアモエ》という少女は、客家人と傀儡番の混血なのだ。ルジャンドルと一度だけ関係をもつ彼女の可憐さと、混血の子、「間」を生きる多言語使用者としての運命は、この熱にみちた物語を吹き抜ける涼風だ。

「瑯嶠の土地には、たくさんの民族がひしめいている。これまでずっと争いともめごとがあった。今回はじめて、福佬人、客家人、土生仔、あるいは山地の部落を問わず、みなが同じことを望んでいる。戦争してはならない。」これは前述の協定締結に大きな役割をはたした利発な少年文杰《ブンキツ》（蝶妹の弟）の感慨。外圧により初めて異質な人々がまとまるというナショナリズムの基本メカニズムをよくしめしている。そしてそんな人々の新たな帰属意識のむこうに「近代」という仮構の枠組が見え隠れする。

失われた歴史をフィクションによって捉え直す、カリブ海小説にも通じるそんな使命をはっきりと意識した作品だ。台湾に興味をもつすべての人にとって必読の書。下村作次郎の訳文は、ここでも毅然とし端正で読みやすい。

陳耀昌『フォルモサに咲く花』下村作次郎訳、東方書店、二〇一九年

みずみずしい線をまとい甦った
可憐でモダンな歌、その生涯

群馬県太田の駅前に、ちょっと不思議なかたちをした白い新築の建物がある。夏の暑さで知られる太田だが、燃えるような一日の青空を背景にすれば、とりわけ美しい建築だ。太田市美術館・図書館。ここを舞台に二〇一八年の夏から秋にかけて開催された美術展「ことばをながめる、ことばとあるく――詩と歌のある風景」で、ぼくは大槻夫妻のことを初めて知った。

よく考えられた構成をもつ、興味深い展覧会だった。まず一階では最果タヒの詩が祖父江慎や服部一成といったデザイナーたちの共作により展示構成された。二階には佐々木愛とぼくが二〇〇九年から絵と詩で取り組んでいる連作「Walking」の最新版。観客は下から螺旋状に上の階にむかいつつ詩とデザイン、美術の響き合いを体験するわけだが、つづく明るい最上階の白い部屋での展示に、とりわけ新鮮な驚きと強い感動を覚えた人も多かったことだろう。

太田出身の歌人夫妻、大槻三好と松枝。昭和初期に地元の小学校で教えながら、生の感情がほとばしる自由な口語短歌を旺盛に作った二人。出会い、激しい恋をし、むすばれ、子供を得

て——まだ乳児のそのひとり息子を残し、松枝は亡くなる。二十五歳だった。

その日、ぼくはかれらについて何ひとつ知らないままに、この三階の展示室に入った。白い壁に黒い線だけを使って、飾り気のない、しかし迷いもない絵を描いていったのはイラストレーターの惣田紗希。彼女の線をまとって並べられた夫妻の数々の歌に、目をみはった。歩き、読み進めるうちに、夫妻の物語が浮かび上がってくる。物語と便宜的に呼んだが、それはフィクションではまったくなく、二人の生涯そのものだ。読めば、二人が生きた時空に抗いがたく巻き込まれてゆく。最後まで読み終えたときには、よほどの人でないかぎり、涙にくれるはずだ。松枝の薄幸を思って。残された三好の心中と、幼な子のその後を思って。

その展示会場で知った二人の歌世界が、このたび一冊の瀟洒な本にまとめられて、誰でも身近に体験できるようになった。歌のいくつかをランダムにあげてみる（改行は「／」でしめすことにする）。

一年生のバラぐ〳〵の歩調よ／あの中に神が居るのだ／おどつてゐるのだ

思つてる仕事が全部出来たなら／恨みはないな明日死んだとて

ちつぽけな火鉢を／二人ではさんだ日／あの美しい爪を知つた日

生か死か二つしかないこの道に／君を慕ふて踏み迷ふてる

夢かしら　いやさうぢやない／こんなにも君にしつかり抱かれて／ゐるんだ

ここではどの歌が夫妻のどちらの歌かは、あえて記さない。このようなストレートな恋の歌を交わしつつむすばれ、やがて悲しい別れにいたる二人の言葉の可憐さと新しさをまずは味わってほしい。そのモダンな感覚といえば、たとえば松枝の次の歌にとどめを刺す。

泣いたつてどうなるものか／それよりはジャズで行かうよ／うはべだけでも

いかがでしょう、昂揚を感じませんか。九十年あまり前に、太田という小さな町に、こんな驚くべきモダニズム詩を書いた二十代前半の女性がいたのだ。
「ことばをながめる」展では、かれらの歌を並べた壁面に山の稜線も描かれていた。見終えて展示室を出て、建物のテラスに立つと、まさにおなじ稜線をもつ山がそこにある。ああ、大槻夫妻もこの地形の中で生き、二人であの山にも行ったのだと思うと、強く胸を打たれた。郷土の歌人、まさに。しかしかれらのことは長い間、忘れられていた。その二人の歌が、惣田紗希という理解者を得て、みずみずしい線をまといながら甦った。この本ができて、もう二人の生と歌が忘れられることはないだろう。泉下の松枝のよろこびを想像する。

惣田紗希『山風にのって歌がきこえる――大槻三好と松枝のこと』タバブックス、二〇一九年

帰れなかった帰郷へ

ディディエ・エリボンの名を知ったのはずいぶん昔だ。神話学のデュメジル、人類学のレヴィ＝ストロースという二人の泰斗それぞれとの対談本を出し、ついで（デュメジルに勧められて）哲学者フーコーの伝記を書いたのが一九八〇年代。彼はまだ三十代半ばだった。いかにもフランスらしい、才気煥発な若手の哲学的ジャーナリストだという印象を勝手に抱いていた。何とまちがっていたことだろう。

二〇一〇年に発表された本書では、一九五三年生まれの彼が五十代を迎えて、知識人としての自分自身をかたち作った要因に容赦のない自己分析を加える。精神の自伝。それはいまも癒えることのない傷に引き裂かれた、忘却し封印したかった過去を再訪する記録となった。

アルツハイマーを発症した父が隔離されてはじめて、息子は自分が脱出してきた場所、かつてそこで自己形成を遂げながらも距離を置いてきた故郷を、母を、訪れる。父の葬儀には参列しなかった。三十年以上接触を絶っていた三人の兄弟と会いたくなかったので。貧しい労働者階級の世界から、家族に大きな犠牲を強いて、自分ひとりだけが遠くへと出て行ってしまったのだ。しかし自分が遠ざけたかったものこそ、自分を形成する重要な部分であることも、よく知っている。悲しみは避けがたい。そのメランコリーの原因を、彼は「分裂ハビトゥス」と呼ぶ。

ハビトゥスとはいうまでもなく社会学者ブルデューの用語で、ある集団特有の物の捉え方、行動の取り方といっていいだろう。ゲイの理論家としてのエリボンは、ブルデューの階級的ハビトゥスの概念を性的ハビトゥスに移し替えようとしたのだともいう。しかし自分の思索においてゲイであることを主題化した彼には、どうしても書けないことがあった。「労働者の息子」だという出自がそれで、階級隠蔽者である彼が、富裕層への条件反射的憎悪から自由になることはない。

ブルジョワジーの子は十一歳でリセに進学する。労働者の子は十四歳で小学校を卒業し、あとは働く。労働者階級から地方都市ランスのリセに進学した少年は、級友との関係においてもことごとく壁を意識する。「二人の友人とは、共存しようとして結びついたふたつの社会史のことであり、時には、どれほど緊密な関係をたどったとしても、ハビトゥスの慣性の働きによって互いにぶつかりあうふたつの階級なのだ。」

亀裂は避けがたい。ブルジョワジーの子には階級への帰属意識がない。それでやっていけるのだ。白人が白人だということを意識しないように。ヘテロ性愛者がヘテロだという意識をもたないように。トロツキストとして、ゲイとして、つねに階級とセクシュアリティを（さらにはランスとパリの地理的・文化的落差を）意識して生きてきた彼は、やがてサルトルとジュネに救いを見出し、ブルデューやフーコーを発見する。

興味深い論点にみちた好著だが、大きなメッセージは二つあると思う。まず、人は自分の子供時代からは逃れられない（「子どもだった頃の自分とは誰なのか、自分たちが生きた子ども時代とは何だったのか」）。ついで、われわれは闘争を複数化しなくてはならない（「なぜ私たちは、異なる様態のさまざまな支配に対抗する場合、異なる複数の闘争の中から選択を迫られるのだろうか」）。

分裂を生きながら、実践的な問いの構成そのものを見直すこと。いまや独自の位置を占める哲学者＝社会学者＝思想家となったエリボンの、他の著作もぜひ日本語で読めるようになることを願う。

ディディエ・エリボン『ランスへの帰郷』塚原史訳、みすず書房、二〇二〇年

心の扉をあけると

タイトルに惹かれて本を手にする。よくあることだが、そこに並んでいる言葉の意味がすべてわかっているわけではない。ミンネとは何？　サブタイトルにあるムーミン谷と音がつながってくる。ねえ、ムーミン。人間ではなく、かといってヒト以外の動物でもない、〈生きもの〉としかいいようのないムーミントロールたちの世界がよみがえる。だがこの本の主題は、はるかに人間くさい。ある日本人女性の精神をみちびき、その生涯を大きく変えた、二つの出会いの物語といえばいいのだろうか。

著者はすぐれた外国文学者。特にフランスのユダヤ系哲学者シモーヌ・ヴェイユ研究の第一人者として知られる。両大戦間の時期をかけぬけるように生きいそぎ、三十四歳の若さでイギリスで客死したヴェイユの生涯は、多くの人々を触発してきた。哲学教師、工場労働者、スペイン内戦の義勇軍兵士のすべてを経験し、ひたむきに神を求める炎のような魂だった。

著者の冨原さんは大学三年の秋、ヴェイユの『神を待ちのぞむ』に出会い、フランス語の本格的な独習にのめりこむ。数年後にはヴェイユとカタリ派（中世南フランスの民衆運動）についての博士論文を書くためにパリに住むようになる。そこまでは、研究者の人生においてはまずまずよくあることだ。

よくあることとはまったくいえないのは、冨原さんが研究・翻訳するもうひとりの対象がトーヴェ・ヤンソンだということだ。そう、ムーミンの生みの親であるフィンランドの作家・画家。大人向けの小説も何冊も書いている。ヤンソンはフィンランドの中では少数派のスウェーデン語使用者だが、冨原さんはここでもスウェーデン語の独習にまっすぐに飛びこむ。

シモーヌ・ヴェイユとトーヴェ・ヤンソン。年齢はある程度近いが互いにまったく関係なく言語もジャンルもちがうこの二人を二つの焦点として成立した楕円が、著者の精神のかたち。フランス語とスウェーデン語。パリとヘルシンキという具体的な二つの都市も、その楕円の窓から見られ、体験される。この意表をついた組み合わせが本書の魅力の最大の前提だが、その魅力の実質はといえばさらにその先にある。

気取らずあくまでも端正な文章の良さがそれだ。水に入るには冷たすぎる北欧の短い夏の海辺で、しずかに打ち寄せる波音に耳をすまし不思議な模様の小石や貝殻を拾うようにして、彼女の心をかたち作った小さくて決定的な数々の出会いの物語をたどってみるといい。するとどういう作用によってか、いつしかわれわれも自分自身の過去の浜辺に迷いこみ、深い安らぎに誘われるようだ。

改めて思うのは、ひとつの大きな出会いの影にはいくつもの小さな出会いが連続しているということ。冨原さんの場合、ヴェイユとの出会いは女子学生寮の受付に誰かが残していった一冊の本に始まったし、北欧への唐突な接近が始まったのは知人に頼まれスウェーデンからの二人の旅人を自宅に泊めたのがきっかけだった。三十四歳の夏。これがやがて毎年のように北欧へと旅することにつながり、ヤンソンの本と本人はそのすぐむこうにいた。

この二人の旅人、グニーラとマリの人物像にもあざやかな印象を受ける。出会いは出会いへとつながってゆくが、結局はある種の〈親和力〉が働いているのだろう。「わたしは境界が好きです」がヤンソンの口癖だったという。「境界とはあこがれる気持です」とも。それを思うと冨原さんのミンネ（スウェーデン語で「記憶」）の主な登場人物は全員が境界を生きていることも明らかに見えてくる。かれらの生き方の連鎖が、こんどはわれわれを励ましてくれる。

冨原眞弓『ミンネのかけら――ムーミン谷へとつづく道』岩波書店、二〇二〇年

新しい意識を本気で求めるなら

書評の究極の姿は、対象とする本からの引用だけで構成することではないだろうか。いくつかの段落が、文が、フレーズが、あまりにもみごとなので、何もつけくわえることがない。どんな解釈も追捕も、ただそのかたちを壊すだけ。もとの姿から全方位に発散されている光と力を、不自然に制限してしまう。そんな思いにかられる本に出会うことは、そうしばしばあるわけではないだろう。だがファム・コン・ティエンの『新しい意識』は、まさにそんな本だった。だったら、引用からはじめようか。「私は流刑者にすぎないのではないか。この世は流刑地だ。自分が流刑者だということはうすうすわかっている。だが、私たちは〈記憶喪失症の流刑者〉なのだ。だから、どうして自分が流刑になったのか分からないし、自分の故郷がどこなのか思い出せないのだ。故郷を懐かしみ、この流刑地から逃げ出して帰りたくなる時もある。だが、どこに帰るのだろうか？　記憶がないというのにどこへ帰ればいいのだろう？」

これは本書にあるヘミングウェイ論からの一節。間然するところのない、しずかに語られた真実だ。ほんとうならこのまま、著者が誰であるかの説明すらないままに、引用の連鎖としてこの文をつづけていきたいところだ。直接、ことばの核心に入ってゆくには、そうするのがいい。そうしないのは、ただ市場化されたこの世における「文」の地位を、なんとか少しでも励ましたいと思うから。つまり、きみがこの本を実際に手にとって読みはじめるように、山刀で藪を切り拓いて道をつけておくようなものだ。

本そのものに対するもっとも危険な制限（独立した樹木の生命さえ奪いかねない無用な刈り込み）は、その本をあらかじめ作者の人生によって語ることだろう。それはまったくバカげたことだが、人はある本の著者の名を知り履歴を知り顔を知ることで、あたかも何かの保証か安心が得られるかのように、がらりと態度を変える。人はあらゆる対象を擬人化する癖から逃れられないので、本の場合も擬人化し、作者の人生のイメージに縄で括りつけて、ようやく安心する。知らなくても本の体験にはなんの違いももたらさないが、知ることで本への興味がかきたてられるというなら、それもまた「方便」ではあるかもしれない。

ファム・コン・ティエンは一九四一年、南ベトナム生まれ。詩人にして思想家。十三歳で正規の教育に別れをつげて独学の道を選ぶ。十代半ばから執筆活動をはじめた。英語・フランス語・ドイツ語をはじめとする数カ国語での、その読書量と読みの深さには驚嘆するしかない。一九六四年というからやっと二十三歳になった年に、ベトナム語で執筆した本書を発表した。原題は『文芸と哲学における新しい意識』。この間、二十歳のときに出家し仏僧となっていて、仏教思想との対決の色彩も、本書には色濃い。一九六五年、アメリカ留学。すぐに奨学金を放棄してパリにむかう。世界放浪の末、ベトナムに帰国して大学教員に。しかしそれもつづかず一九七〇年には南ベトナムから失踪し、再度パリへわたった。このころ還俗したらしい。以後、ベトナムに帰ることなく、二〇一一年にテキサス州ヒューストンで死亡。あまりに突飛な軌跡を描く、地上をさまよう星のような生涯だった。

本書は作家論であり、思索のノートだ。基本的には個別に書かれた作家論の集積だが、そこで論じられる作家たちの顔ぶれに目をみはった。人はある本に対して、自分というフィルターを通じて接近するしかない。この顔ぶれを見てぼくは狂喜し、ほとんど踊りだすような気分になったが（まるで『その男ゾルバ』のラストの踊りのように）それはまさに登場する作家たちがぼくの作家でもある（もちろん全員ではない）からだ。サローヤン、ヘンリー・ミラー、ホイットマン、レチフ・ド・ラ・ブルトンヌ、ハイデガー、鈴木大拙、モーム、アポリネール、ブレーズ・サンドラール、フォークナー、ニコス・カザンザキス、ヘミングウェイ、カフカ……。図書館から借りてきた本をかたっぱしから読んで、読み終えたら孤独なキャンプファイアに投じるような、若い時にしかできない読み方。

しかしそこから彼がつかみとるのは、とても通り一遍の認識ではない。サローヤンの短篇小説に見られる思想を、彼は二つの原則にまとめあげる。「慌て急ぐことなどまったくない」「語るべきことは何もない」と。彼はこれを〈不二の意識〉とむすびつけ、選択を原理とするサルトルの実存主義哲学を批判するのだ。「人生は、これでもなくまたあれでもなく、あるいは、これでもありまたあれでもあるからだ。」あるいはアポリネールの詩を論じて「アポリネールは苦悩した。（……）彼はとても無邪気だった」と述べたあとで「詩の分析批評ほど汚らしく無駄なことはない。詩について語るなら、ただ称賛するか崇拝するかしかない」と彼が断言するとき、ぼくはまたもや心で拍手して、さあ、いい天気だ、外に出て釣りにでもいこうかという気分になる。

もうひとつ引用を重ねよう。「ヘンリー・ミラーは東洋と西洋含めた人類の三、四千年の文化の中で、もっとも偉大な天才だと思っている。ヘンリー・ミラーは老子、ヘラクレイトス、パルメニデス、エンペドクレスよりも偉大だと思っている。」比較の無根拠と比較対象の突拍子もない顔ぶれに、爆竹のようなユーモアがある。何いってるんだと思う人は、素通りすればいい。二十世紀後半の世界思想の、もっとも独創的な書き手のひとりと出会わずにすませるつもりなら。

本書を読んで、ぼくは生き返った思いがした。少なくともただちに、手持ちのサローヤン、ミラー、アポリネールのすべての本を久しぶりにひっぱりだしてきた。訳文は清新でよく意をつくし、その背後に訳者によるどれだけの努力が注がれたことかと思うと、読者として感謝に堪えない。これだけの存在に対して、日本語はほとんど注意をはらうことなく、あの苛烈なベトナム戦争の時代をやりすごしてきたのか。無知を悔い改めていいころだ。


ファム・コン・ティエン『新しい意識』野平宗弘訳、東京外国語大学出版会、二〇二一年

蜜蜂が書いた日本語の文章を

　良い本一般を求めているのではなく、自分にとって良い本を求めている。ぼくはいつも求めている。基準は単純で、引用したくなる文が多い本がそれだ。引用したくなる文とは驚きがあり、カラフルで、何の音とは呼べない自然の音響にみち、それ自体が踊っているような印象を受ける文のこと。その文に出会うことでたちまち自分が夜の獣のように覚醒し、心が風にさらされ、体が光を浴び、気分が変わり、遠くまで見えるような気がする。ありきたりな世界までもが奇妙な色を帯びて、おもしろく、興味深く思えるようになる。こうしたすべてを詩的効果と呼んでもいいが、その詩はすでに知っている詩の確認ではなく、たったいま初めて知ったものでなくてはならない。もう言い切ってもいい、ぼくは二〇二二年をこの本によって記憶してゆくことになるだろう。そしてきみもそうするといいと思う。きっと報われるから。

　彼女の子供時代の思い出。「目を閉じればミツバチの声が聞こえる。満開の桜の花を求めてミツバチがたくさんやってきた。世界中の蜜がそこで作られたと感じる。夏になるとおいしい実がなる。ミツバチの声と花の匂いで酔うときもあった。木と同化する空想をして上に登ると、そのときはあれだけのおびただしい数のミツバチに一回も刺されなかった。庭ではよく刺されるのに。不思議に思った。」気取りがない良い文章だとは、誰でも思うだろう。しかしそれだけではない。これは良いだけではなく、すごい文章なのだ。その陰には生命と世界をめぐる別の見方がひそんでいる。それが見抜けるようになるためには、彼女の言語に入門しなくてはならない。そしてその入門の仕方はこの本を読むこと以外にないので、結局、きみは自分の運命を試すしかない。

ルーマニア出身、弘前在住の文化人類学者による回想的なエッセー群が集められた。日本語で書かれ、その日本語は誰にもまねができない独特なベンド（曲げ）により彩られる。いきいきとしていて、ミツバチのように歌っている。人類学者である彼女はこれらの文章をオートエスノグラフィー（自己民族誌）と呼ぶ。一九八〇年代のぼくはミシェル・レリスを論じるためにエスノエゴグラフィーという用語を自分で発明して使っていたが、結局はおなじことだ。彼女は実際、たったひとりの一民族の原母でもあり、いまではそこに二人の娘も参加している。彼女らの日常生活はふしぎな慣習にみちて、彼女の語りをつうじると、現在の生活がすでに小さな神話の種のように見えてくるほどだ。

祖父母の家の庭のミツバチたち、その蜜は、別のエッセーで次のように受けられる。「場所の力の反復力はすごい。遠く離れた今も、私は自分が育った家、村、庭の蜜、あの場所を食べている。繰り返し私の身体の一部になっている。世界の肉がミツバチのおかげで、私の肉になっている。」まるでミツバチにみちびかれるように、媒介されるように、彼女の想像力の根幹が露出している岸辺にたどりついた。さらに別のところで著者はこう記す。「出会った事物をイメージとして全て覚えてしまう癖がある。鶯は二年から五年くらいしか生きないのに対して、私は人間の形で生まれて長く生きるチャンスに恵まれていることが申し訳ない。昨年までは生きていた鶯の分までこの世界を忘れないようにしたい。」

わかるだろうか。われわれが誰でもつねにふれながら十分に自覚していない、イメージと身体が合致し生命を作り出す層を彼女はひとときも見失わないのだ。目や耳や肌の経験の記憶はまるで映像作品そのままにイメージとして私とともにある。物質として私を訪れ私に合流するすべては、生命という個を超えた大きなプロジェクトの一部としての私を現実に作り出す。生命は濃淡のある巨大な連続体として、一部は死に（鶯）一部は長く生きつづける（人間）。覚えておける者が、目撃し体験したことを覚えておかなくてはならない。人間は人間だけでなく、他の種のためにも「忘れない」という義務を果たしたい。

ルーマニアの農村に生まれ、社会主義と資本主義それぞれによる人間性の蹂躙を伝聞しあるいは体験し、幼児期にさらされたチェルノブイリ事故による汚染が原因となった病に成長してから苦しみ、やがて川端康成の『雪国』に出会って新しい言葉を覚えようと決意した。「日本語は、私の免疫を高める言語なのだ。」彼女が出会い、発見し、体験し、そのイメージ記憶を語り継ぐすべてのものは、非常に独特な角度で世界にさしこまれ、それを目の当たりにするわれわれ読者は、またそれぞれの位置から個別の角度でそれらを体験している。いわば文字による個人的なドキュメンタリー映画としての本。彼女が共感とともに引用するヴェルナー・ヘルツォークの言葉が印象的だ。「全てが消える時に地球、人、自然、音とはどんなものだったのか思い出せるような映像を撮っている」と。本書はそんな映像への序文としても読めるはずだ。

イリナ・グリゴレ『優しい地獄』亜紀書房、二〇二二年

III

読売書評 2012—2013

ステーキの意味論。月に一度「ステーキ・ナイト」があった。むかしアメリカの大学で寮生活を送っていた頃。学食での夕食を、その日ばかりはみんなが心待ちにしている。硬い肉に瓶詰めのソースを海のようにかけて笑顔で頬張れば、お祭り気分がひろがる。平均的アメリカ人にとっての代表的ご馳走としてのステーキの地位を思い知らされた。

アメリカに限らない。ステーキとフリット（揚げじゃがいも）といえばフランスの国民食だし、イギリス人はビーフイーターという渾名で呼ばれることがある。欧米文化圏の多くの人が、自分なりの「人生最高のステーキ」の思い出をもっている。これぞ食物の王様。本書はユダヤ系カナダ人の著者が牛肉食を主題として世界各地への旅を試みた、その記録だ。

テキサス、フランス、スコットランド。イタリア、日本、アルゼンチン。ついには理想の肉牛をカナダの自分の牧場で育てる。探求的旅行記は現代の文章のもっともおもしろいジャンルのひとつだが、牧場から食卓まで、先史時代から現代まで、動物学から食品科学まで、広い視野で捉えられた肉食文化論としても興味がつきない。

トウモロコシと成長ホルモンを与えて肥育され若くして出荷されるアメリカ方式の牛よりも、放牧され草やどんぐりやりんごをたっぷり食べて育った牛のほうが旨い。いかにもあたりまえだと思われるが、牛肉の本場アルゼンチンですら、かつての飼育法は（したがって肉の味わいも）失われつつある。一方、家畜としての牛の先祖であるオーロックスの復元に情熱を傾ける人もいれば、牛とバイソンの交配種により昔の牛の風味を取り戻す人もいる。「ステーキが焼けるのを見るのは、最古にして今も最高のエンターテインメント」と著者はいう。そうかもしれない。こうして至高のステーキを求める旅は、火の使用を覚えて食性を変えた初期人類の伝統への遡行の旅にもなった。

…マーク・シャッツカー『ステーキ！——世界一の牛肉を探す旅』野口深雪訳、中央公論新社、二〇一二年（のち中公文庫）

手と土の仕事について。土地には風土があり自然がある。生活があり歴史がある。そこに暮らす人々の創意工夫と技があり、その結果できあがった数々のローカルな遺産がある。こうして風景の一部となった驚くべき土木や建築の細部を、写真家が訪ね歩いた。

石工や左官、大工やタイル職人。名を残すことなどまるで考えなかった人々の着想と腕が光る。「土着」という言葉を文字どおりに捉えるなら、まさに各地の土地に密着した、土臭く泥臭い逸品がきらりと輝く。

橋も天井も小屋も窓もおもしろいが、とりわけ壁に惹かれた。たとえば「泥団子の壁」。白壁に仕上げられる前の土蔵の壁だ。これは一例にすぎない。ページごとに目を丸くする。それぞれの写真に添えられた解説も鋭く、かつユーモアにあふれている。

列島の未来を考えるために、土に着いた意匠と発想は最大の手がかりになる。

藤田洋三『世間遺産放浪記 俗世間篇』石風社、二〇一一年

破壊を超える言葉を。 三月十一日が近づいている。やがて一年。この間、日本語は、大震災の経験を深める言葉を発してきただろうか。われわれが生きるこの言語、この社会は、新しい言葉に立つ新しい社会のあり方を、本気で探ろうとしているのか。

宮城県石巻出身のこの作家＝詩人の新著は、魂の叫びだ。ただ既存の社会と集団を維持し大切なことを何ひとつ語らせずにすませようとする自堕落な言語に、辺見庸は徹底的な否をつきつける。「大震災は人やモノだけでなく、既成の観念、言葉、文法をも壊したのです。」あまりに多くが失われ、多くの人が亡くなった。彼にとっては故郷が破壊され、心に直接つながる多くの死者が生じた。

だが沈黙にしずんではならない。破壊の瓦礫の中から、言葉を立ち上がらせなくてはならない。巨大な悲劇が残していった痕跡を人間が共有すべき経験として深化させ、変わるべきものの変化へのきっかけとするには、言葉がみずからを乗り越えるようにして、新たな局面を探るしかない。生きられた「個」の経験が、沈黙とのぎりぎりの界面から言葉を発すること。そしてすでに発話の力を奪われた人々のためには、代わって想像力が失われた言葉を拾い、思い出し、伝える努力をするべきだろう。

だから本書は、詩と小説の言葉に対する「立ち上がれ」という呼びかけでもある。たとえば原発メルトダウンをめぐるマスメディアの報道言語にも、またたくまに辺りにたちこめて感情の同調や言説の同期を強要する日本社会の暗黙の言語にも、著者は激しく苛立つ。

その対極にあるのは「個」のヴィジョンに立つ言葉だ。原民喜、川端康成、堀田善衞ら先行者と対話するようにして、著者は生きた言葉を探る。生命を希求する者たちの連帯を探る。その探求の試みにちがいない著者自身の詩作品は震災直前に始まり、震災後いっそう強度を増し、本書にもそのいくつかが収録されている。

辺見庸『瓦礫の中から言葉を――わたしの〈死者〉へ』ＮＨＫ出版新書、二〇一二年

言葉の究極のコラージュ。ひとつの都市とひとつの小説がむすぶ特別な関係。ジェイムズ・ジョイスの『ユリシーズ』ほどそれを強く感じさせる作品はない。一九〇四年六月十六日のダブリンを舞台に普通の人々の彷徨と出会いと会話を描いたこの作品は、「小説」の読書体験が「都市」の経験に酷似していることも改めて教えてくれる。

人々は移動のうちに雑多な要素に出会い、とりとめのない一日を終える。多くの言葉を耳にし、多くの考えが頭をよぎる。その果てに何らかの主題か運命が、漠然と浮かび上がる。ホメロスの『オデュッセイア』を下敷きにした『ユリシーズ』は、しかし独力で読める本ではない。ちょうどパブでの未知の隣人たちとの歓談のように、作品のさまざまな挿話に対するみんなの反応、解釈や意見を耳にして初めて、ブルームやスティーヴンその他の登場人物たちの姿も、その心の動きも、やっとわかってくるのだ。すると俄然、物語が、都市が、いきいきと動き出す。

地元ダブリン出身の、ジョイス研究の第一人者による本書では、「目覚める」「学ぶ」「考える」「歩く」といった動詞によって『ユリシーズ』の十八のエピソードが解釈されてゆく。この作品に対する、これまでで最良の解説書だと思う。作品＝都市と考えれば、一度通読してどうなるものでもないことは当然だ。何度も訪れ、街路や店に少しずつ馴染む必要がある。『ユリシーズ』は短期の観光客を寄せつけない。住んで初めて見えてくるものがある。時間をかけてページ伝いに歩いてみよう。

「ジョイスは、個々人の生は世界の主要な政治的出来事よりもずっと重要だと主張した。」歴史の屑かごに捨てられた反故から、誰もが共有できる、神なき現代の神話を再構成したのがジョイスだ。「普通の生活」の威厳とコメディと美しさ。『ユリシーズ』がわれわれに教えるのは平凡に生きるための勇気で、本書はその世界への鍵を手渡してくれる。

デクラン・カイバード『「ユリシーズ」と我ら――日常生活の芸術』坂内太訳、水声社、二〇一一年

装いの詩と真実。文化のすべては模倣と逸脱からなっている。ファッションもそうだ。誰かのスタイルをまね、組み合わせ、崩し、新奇さをもちこむ。創意工夫はもちろん個々人の努力だが、模倣の規模がなぜか拡大するとき「流行」という現象が生まれ、時代の装いが確立する。そしてどの時代も独自の「おしゃれ」を見出してきた。

タイトル通り着想の種が満載の写真集だ。およそあらゆるスタイルが並べられ、どのページも楽しめる。思うに現在から見ると二十世紀ファッションは五〇年代に洗練を極めた。六〇年代はそれを崩し、七〇年代は異文化をもちこみ、八〇年代以降は既視感のサイクルに入った。ざっとそんな流れがあるのではないか。

ともあれこれだけの点数を通して見ると、欧米系のモードも一種のエスニック・ファッションだと思えてくる。それだけにときおり挿入される他地域の装いが新鮮で美しい。シッキム王国の美女たちの清楚な写真に見とれた。

エリザベス・ウォーカー『ファッション・インスピレーション』和田侑子訳、グラフィック社、二〇一二年

見過ごされた大作家のヴィジョンについて。オート＝プロヴァンスと呼ばれる南フランス内陸部は乾燥した風が吹きすさぶ高原で、その荒涼とした風土に人々は圧し潰されるようにして生きてきた。その故郷の町マノスクをほとんど出ることなく生涯を送った小説家ジャン・ジオノは、アメリカでいえばフォークナーにも匹敵する大作家だが、日本ではまだまだ読まれていない。最初の長篇である本作は一九二九年出版。それが文庫オリジナルとして訳出され、誰にでも手が届くものとなった。

わずか四軒の家からなる孤立した集落が舞台だ。老人ジャネが、そこで死の床についている。一方、水の少ないこの土地で泉が枯れ、動物用の水を飲んだ女の子が高熱を発する。凶事はそれに留まらず、激しい山火事が襲う。住民たちはこうしたすべてを丘の、土地そのものの、悪意であると考える。するとかれらの目には、自然力の世界とどこか通じているような言動がかねて多かった老人が、どうにも怪しい存在だと見えてきた。やつが災いを招いているのだ。生きてゆくためには、老人を殺すしかない。

この狂った生け贄の論理がどんな結末を迎えるかは、ひとまず置こう。広大で圧倒的な自然力の中に埋めこまれ翻弄される小さな人間世界の物語は、読者を覚醒させる。「森は踊っている。雷雨の断片が次々と通りすぎる。雷が短く轟き、そして稲妻がきらめく。大地は硫黄や砂利やガラスの匂いがする。」丘をはじめとする、自然界のすべての物質がこんな風に生きた存在として捉えられ、描かれる。植物も、動物も、そんな物質世界とともに巨大な渦をなして、すべてが生命のむせるような匂いの中にある。

圧倒的な、驚くべき散文作品だ。人間世界がすべてと思いがちなわれわれの想像力を、地表へと、原点へと、引き戻してくれる。人はいつも土地を畏れ、「動物たちや植物たちや石などに潜んでいる偉大な力」を敬いつつ生きてきたのだ。この上なく新鮮な読後感だった。

ジャン・ジオノ『丘』山本省訳、岩波文庫、二〇一二年

詩という領土なき大地。「詩の翻訳は可能か?」という問いがある。〈詩〉と〈翻訳〉の定義により答えは変わるだろう。ごく常識的にいって詩には作品としての〈かたち〉があり、そのかたちがさししめす〈内容〉がある。翻訳はかたちを全面的に壊す。外国語同士は音も表記もまるで似ていないのだから。一方、人間が地球上の物質世界を共有し、そこで生きてゆく上で似かよった社会制度や慣習や感情にしたがっているならば、意味内容のほうはある程度まで確実に伝達可能だ。そしてこの内容が言葉と言葉の連結により提示され、原文における場合と近似した効果が追求されるのが詩の翻訳で、それはときにはある言語に新鮮な表現を与え、驚きにみちた読書体験をもたらしてくれる。

こんなことを改めて考えたのは最近相次いで上梓された翻訳詩の大きな仕事のせいだ。パウル・ツェランといえば二十世紀ドイツ語詩の巨星として必ず名前があげられる人だが、一九九二年に出た中村朝子訳三巻本『全詩集』の改訂新版が刊行された。五十歳を迎える前にセーヌ河に身を投じた詩人の作品数はさほど多くないが、この三巻にはたしかに永続的価値が刻みこまれている。短い時間で理解できる部分はほとんどない。表現は晦渋でイメージの推移は追いがたく、謎と死の雰囲気が全体にわたって立ちこめる。だがたしかに何かが感じられる。手が届かない遠くを詩人がめざし、声が届かない何かに呼びかけているのが感じられる。その何かがわからないのがもどかしいが、およそ詩について難解だの平易だのというくらいばかげた議論もないだろう。「一つの語が、それのもつすべての緑と一緒に、／自分自身の中へ入っていく、自分自身を移し植える、(……)その語についていけ」

読者は語についてゆくしかない。語にしたがい、語と語の間で立ち止まり、とまどい、ふと我に返るとそこは無人と群衆、無音と轟音、石と雪と花との区別がつかない場所だ。一篇の詩はひとつの孤立した実在物として読めばそれでいいが、両親を強制収容所で失ったユダヤ人としてのツェランの生涯を少しでも知ることが彼の詩を読むのに計り知れないほど役立つとはいえそうだ。そのためには中村訳『全詩集』とともに、関口裕昭のきわめて充実したツェラン研究三部作を勧めたい（『パウル・ツェランとユダヤの傷』慶應義塾大学出版会ほか）。

それぞれに孤立した作品だとはいっても、詩には固有の日付、地形、気象がある。ましてやある土地、ある国の、地理と歴史の総体を主題にするという明確な意志をもった大作では、それが全面的に浮上してくる。二十世紀アメリカの大詩人のひとりだったチャールズ・オルソンの広大な『マクシマス詩篇』の全訳が、厚さ8センチを越える大冊として出版された。マサチューセッツ州アン岬の町グロスターを起点として、語り手マクシマスがアメリカの歴史を見直してゆく。「漁業のためにアメリカは植民地とされた」（訳者「解説」）という海洋主義的歴史観は、メルヴィル研究者でもあったこの詩人ならではの視点だろう。そして人は空間が作る。「アメリカ人とは／いくつもの契機の複合体で／いくつもの契機自体が、空間を／本質とする幾何学なのだ。」

寂寥の光にみちたツェランのユダヤ的風景、過剰な空間が展開するオルソンのアメリカ的風景。改めて目をみはるのは、このすべてが言葉のみによって作られていることだ。翻訳され移植されたかれらの言葉は日本語を更新し、日本語の想像力に新たな課題をつきつける。

『パウル・ツェラン全詩集〈全三巻〉』中村朝子訳、青土社、二〇一二年

チャールズ・オルソン『マクシマス詩篇』平野順雄訳、南雲堂、二〇一一年

この土地は草に、木に。首都圏の高架になった鉄道に乗って「むかしはこのすべてが森だったのかな」と想像することがある。間違いではないだろう。いまからでも放置されれば、森林化が進む。でもこの単純な自然観には、大きな欠落がある。たとえば過去百年を見通すとき、日本列島でもっとも大きく失われた風景は草地なのだ。

現在、国土に占める草原の割合は1パーセントあまり。百年前には13パーセントほど、江戸時代にはさらに広かったのだそうだ。各地で定期的に野焼きが行なわれ、草原が維持された。そこで牛馬を放牧し、あるいは茅葺き屋根のためのカヤを得た。後氷期に入って以来の一万年、各地の半自然草原で、たとえば鹿が狩られ、栗が半栽培されていた可能性もあるのだという。

いわば人為と自然の中間地帯。列島の生物多様性の最大の担い手も、そんな草地だった。そしてそれに対応した「生物文化多様性」の歴史こそ、忘れてはならない遺産だ。すべての動植物と、風景と、これからどうつきあっていくべきか。二人の生態学者と地理学者によるこの共著から学べることは大きい。

須賀丈＋岡本透＋丑丸敦史『草地と日本人――日本列島草原1万年の旅』築地書館、二〇一二年

驚くべき旅人の音声発見。読み終えると「老外！」という言葉が耳に残る。ラオワイないしは方言でローウェイという音。外国人のことだ。中国の、観光客などまず来ない地域へのひとり旅をくりかえす著者に投げかけられる、けっして侮蔑や嘲りではなく純然たる好奇心の現れのような、地元の人々の声。文字で書かれた文をいくら読んでも、その言葉を耳にしたことなどないのに、この驚きの声が響きとして読者に残る。

著者はいったい何度その言葉を浴びせられただろう。あるいは日本語空間でならガイジンという、また別の含みのある呼び名を。あらゆる土地において異邦人であることを選んだ者にむけて、それぞれの社会が与えるそれは、だが即物的なまでに正確な呼び名だ。

「アメリカと中国の現在を日本語で書く」という副題が本書の性格を率直に告げている。二つの大陸国家の間で覇権が移行しようとしている時代、両者の間に宙吊りになった島国をベースとして、島国の言葉によって書く。白いアメリカ人がみずからを追いこむ苦境としては、苛烈きわまりない。しかしそこから生まれる日本語には、新鮮な発見と強い手応えがある。

アメリカでも中国でも、彼は大陸の中の差異や亀裂を発見しつづけ、うねるような多様性とそれがもたらす動揺に直面する。そのたびに、日本語の音か文字がそのままのかたちで彼の脳裏をかすめる。それぞれに多様であるほかない英語・中国語・日本語のざらざらした接合面を渡りつづけること。現代世界文学にあっても彼以外の誰にも果たせない、孤高の冒険だ。

本書はノンフィクションの紀行文だが、それらは本質的に小説の言語によって書かれているといっていい。単なる描写や提示を超えて、深く沈黙する何事かの裏打ちがあるからだ。それで響きが低く持続する。特に巻末の二篇か三篇は格別の強度にみちている。まるで嵐の騒擾を予告する黒い雲を見たような印象だ。


リービ英雄『大陸へ――アメリカと中国の現在を日本語で書く』岩波書店、二〇一二年

異郷を歩いてゆくカメラの旅。風の蹠《あしうら》をもつ男、というと十九世紀フランスの天才詩人ランボーの渾名だったが、いまではこの表現はよく歩く人をさして決まり文句のように使われる。若いころサハラ砂漠を徒歩で縦断したという西江先生は、この呼び名にもっともふさわしい人物だ。とにかく歩くのが速い。どこまでも歩く。そしてほとんどいつも、世界のどこかを旅している。文化人類学者、言語学者、辺境の旅人。そのもうひとつの顔が、写真家だった。

眼鏡をかけているためスワヒリ語でマチョイネ（四つ目）と呼ばれた先生の第五の目、それはカメラのレンズだった。半世紀におよぶ世界各地の調査の間、他の誰も見たことのない風景、出会ったことのない人々の顔を撮ってきた。その結果である数万点の写真はそれぞれの土地の驚くべきドキュメントであり、その強烈さには時として笑い以外の反応を知らない。

本書は「影を掬い採る」と題された128ページにおよぶ本格的写真集を核とし、その前後に先生の紀行文の傑作選を配したもの。マサイの人々が、パプアニューギニアの人々が、隣町の住民のような気楽な素顔を見せている。すでに失われた生活や現代に取り残されたライフスタイル。何度でもこれらの写真を見るといい。浮かび上がるのは人間という存在のさびしさであり、人生という現象のはかない美しさだ。

こうしたすべてを目にしてきた旅人の思索が、独特の淡々とした文章に綴られる。「異郷」とは隔ての感覚の別名、逆に考えるならば対象との距離を正確に認識する感受性の現れだろう。先生の異郷観をつうじて、われわれは世界の途方もない奇妙さに覚醒することができる。風の蹠をもつ人からの、気前のいい贈り物だ。


西江雅之『異郷——西江雅之の世界』美術出版社、二〇一二年

土地の運命を一から考えること。津波から一年余が経過した春の三陸沿岸部を車で走ってきた。海岸線の道は曲がりくねり波打ち新緑と海の青のあいだを美しくつづく。湾ごとに、入江ごとに、町があり集落があり、その大きな部分が途方もない破壊をこうむっている。志津川、雄勝、女川。停まっては黙し、海と空にむかって掌を合わせるばかりだった。

もっとも土地を訪ねても、知識がなければ何も見えない。三陸各地には「龍神」として祀られている岩がある。かつて津波で打ち上げられた石だという。それが海底に住み漁を左右する神のものとされた。津波石の中には昭和八年の津波で打ち上げられ、その後地中に埋められ今回また姿を現したものもある。ここまで水が来たという過去の記憶を担う記念碑も各地にある。明治二十九年、昭和八年、昭和三十五年。三陸は津波を忘れたことがなかったのだ。

本書は気仙沼出身で、漁師たちの生活感覚を主題として丁寧に追ってきた民俗学者の論集。魂の書だ。昨秋、著者が出会ったという漁師、釜石市の虎舞の祭りの会長さんの言葉が忘れがたい。「皆流されても、体で覚えているものは流されなかった。」まさに暮らしをつうじて体に刻まれ、人々が実際に使う言葉に刻まれたものこそ、土地に根ざす社会を考えるための唯一の手がかりにちがいない。その感覚からすると「高台移住」「漁港の集約化」といった将来構想はオカモノの机上の空論だ。ムラの生活文化は、そんな論理で生きてきたのではない。

著者に多くを教えた尾形栄七翁をはじめとする各地の漁師たちの話、そして山口弥一郎『津浪と村』のような先行研究。海の道は熊野にも沖縄にもつながり、内陸部なら遠野にも至る。民俗学だけが掘り起こし記録する手応えにみちた知識の層がある。砂上の楼閣のごとき消費社会の論理がないがしろにしてきた部分だ。今回の震災でご母堂を亡くされた著者の「一から勉強をやり直す」という決意に粛然とした。

川島秀一『津波のまちに生きて』冨山房インターナショナル、二〇一二年

あなたの服を見せて。パリの服飾デザイナーが世界を旅し、出会った。各地の少数民族の伝統的な織物、染物、デザイン。美しい写真が旅を証言する。息を飲む。花、植物、星、幾何学的パターン。なんという洗練だろう。各地の女性の装いが中心に紹介されるが、男たちも負けずにおしゃれだ。ファッションの基盤にあるのは生物学的なディスプレイ(見せびらかし)だろうが、それは確かに人の目を引き、見とれさせ、心を奪う。

そして不思議なのは遠く離れた土地同士の呼応と類似の関係だ。東南アジアのモン民族とパナマのクナ民族が生むアップリケ。藍染めはアフリカのベナンとメキシコのチアパスの人々を結ぶ。装う動物、ヒト。人類学者以上の徹底したフィールドワークから、各地で編み上げられる伝統の束としての世界服飾文化の圧倒的豊かさが浮かび上がった。

カトリーヌ・ルグラン『少数民族の染織文化図鑑——伝統的な手仕事・模様・衣装』福井正子訳、柊風舎、二〇一二年

巨匠の不思議な恋愛小説。真利子、マユミ、真美子、美紀子、美也子、三枝子、美果子。主人公の名にMの音が欠けているときには、それを補うかのように三崎や村田という男が登場する。女性名におけるこのマ・ミの氾濫は、物語には関係ない。関係ないままある種の粒をそろえる作用を担っていて、彼女たちにはどこか似たところがある。

やや長めの七つの短篇を集めた一冊だ。反復されるパターンには、すぐに気づくだろう。同性の友人たち。その均衡に介入するひとりの異性。それが単純な三角関係に落ち着くのではなく、多くは四人目のそれなりに重要な登場人物がいる。するとそこにはすでに社会としての広がりが濃縮されたかたちで提示される。

彼女たちはいつも魅力的だ。孤独を恐れず、ルーティーンの中に完璧な瞬間を追求する。甘えたところがなく、かといってそれで魅力を失うこともない。鍛えられた体と物腰。しばしば二つ以上の分野に才能をもつ。アクションが物語を推進させ、思いがけない地点に出たとき読者は突然投げ出される。小説はより大きな物語のある時点で始まり、打ち切られる。その切り上げにより読者の視線は遠くまで伸びてゆき、登場人物の肌がいつもさっぱりと乾いていることに爽快感を覚える。

書名にもなった、まるで小説論でもあるような一篇は奇妙な魅力にあふれていて、その魅力の大きな部分がそのありえない会話に立つことを思った。そして文体も道具立てもまるで違う小説家と片岡さんの思いがけない近さに、ふと気づいた。吉田健一だ。ありきたりな幸福への感覚。少しだけひねった、人物の人生観がはっきりとわかる台詞。必要にして充分な言葉で組み立てられた、すこやかな遊びとしての小説を堪能させてくれる二人。英語を反響板として日本語に独自のリズムと論理性をもちこんだこの二人の特異な大作家を、いつか合わせて論じてみたい。

——片岡義男『恋愛は小説か』文藝春秋、二〇二一年

スワヒリ語世界のお話の夜へ。語り手が「パウカー」と声をかけると聞き手たちが「パカワー」と答えて、お話が始まる。アフリカ東海岸タンザニアのスワヒリ語世界の習慣だ。カリブ海のクレオル語地帯なら、かけ声は「クリック」「クラック」。民話はそんな土地ごとのかけ声のうちに語りつがれ、人々に共有されてゆく。

遠い土地のわれわれは、翻訳された文字によってお話を味わってみようか。ザンジバルに住む著者が聞き集めたスワヒリ語民話を訳しまとめたのが、この一冊。「ハポ　ザマニザカレ」（むかしむかし、あるところに）に始まり「ほしけりゃ持ってきな。いらなきゃ、海に捨てとくれ」の決まり文句で終わる全二十二話は、でも捨てるには惜しすぎる。物事の起源を語り、妖

怪や動物たちを活躍させ、呪術の力や人の心の恐ろしさを教える。どの話にも普遍的な魅力があり、笑いを生むユーモアがある。

ぼくが特に好きなのは「猿と亀の友情が終わった日」「ハチとハエ」「魚屋になった猫」といった動物譚。あるいは一枚のカンガ（身にまとう美しい綿布）をめぐる「ザンジバル一の力持ち」もなかなかいい。気のいい力自慢の男がいて、村人に誉められるのがうれしくて毎日井戸の鉄のふたを開けている。ある日、よぼよぼのおばあさんが頭に巻いていたカンガが風に飛ばされた。男がそれを拾ってあげようとしてもどうにも持ち上がらず、力を入れれば腰まで、胸まで、地面に埋もれてしまう。おばあさんは、いまどきの若者は力がないとため息をつき、布を片手でひょいと拾い、頭に巻いて、またとぼとぼと歩いて行ってしまった。彼女は男の力自慢を戒めるために神さまが遣わした天使だったのだ。

それぞれのお話のために新たに描かれたモハメッド・チャリンダさんのユーモラスな挿絵がすばらしい。巻末の写真入りの解説も充実。きっと親子で楽しめる、遠い土地への小さな旅みたいな本だ。

島岡由美子『アフリカの民話――ティンガティンガ・アートの故郷、タンザニアを中心に』バラカ、二〇一二年

至高の道草文学への招待。何という本だろう。徒歩によるイギリス旅行記の体裁をとっているが、これは紀行文なのか小説なのか。おまけに数多くの白黒写真が、語られる内容をさまざまに図示する。二〇〇一年に交通事故死した、イギリスに長く住んだドイツ作家の傑作。偉大さが横溢している。

一言でいえば道草文学。奇怪なエピソードや史実が「輪」をなして渦巻く。その中心は、まさに虚としてしか定義できない、人生そのものか。空間的に見れば雑多な屑を集めた「環」、時間的に見れば無限の挿話がつむぐ輪廻。痺れるほどの寂寥感を味わってください。

W・G・ゼーバルト『土星の環――イギリス行脚』鈴木仁子訳、白水社、二〇〇七年

映像で学ぶ科学。中谷宇吉郎といえば雪の物理学者。その彼が岩波書店の中に中谷研究室をもっていたことは知らなかった。それが、岩波映画製作所の起源なのだという。当然、目的は科学教育映画の制作だ。昭和三十年代の子なら誰でも教室で見たはずの、数々の短篇理科映画を思い出してほしい。

本書は岩波映画が残した記録映像のアーカイブ化に携わる研究者たちと、制作の現場を実際に生きてきた映画人たちの証言からなる、きわめて充実した研究書だ。書籍に加えて、計二百五十一分におよぶ八本の作品を収録したＤＶＤがついている。

　これがおもしろい。たとえば理科映画のお手本のような『ものの燃える速さ』（一九六七年）。炭素分子と酸素分子の結合が燃焼の本質であり、それは空気中の酸素分子の割合が高いほど激しくなる。よく工夫された手作り感いっぱいの動く模型が、その原理を教えてくれる。映像の色もいい。まぎれもない独創性。

　岩波映画では、科学・学校・社会教育と並んで、開発が大きくとりあげられた。その代表が『佐久間ダム』（一九五八年）で、そこにみなぎる力への信仰は、すでに過去のものとなった、しかしたしかに現在を準備した、一時代の気風をよくうかがわせる。土木と電力。ダムＰＲ映画というジャンルすらかつては存在し、それは「記録映画界のドル箱として定着」していたそうだ。

　その収益が教育映画、社会ドキュメンタリー制作へと還元されたわけだ。本書には『佐久間ダム』他の名キャメラマン小村静夫による撮影の回想も含まれ、異様な迫力のある映像の秘密が明かされる。だが、そこで話を終えてはいけない。ここで観られた『佐久間ダム　総集編』の編集上の問題点については、所収の藤井仁子《じんし》の鋭利な論考が必読。

　記録映画という分野を根底から考えるためにも、半世紀あまり前の日本社会を回想しその精神風土を追体験するためにも、きわめて興味深い好企画だと思う。

『岩波映画の1億フレーム』丹羽美之＋吉見俊哉編、東京大学出版会、二〇一二年

精神分析という知のあり方について。ジャック・ラカンというと精神分析において創始者フロイト以来もっとも重要な理論家のひとり。フロイトの著作の徹底的な読み直しを提唱し、哲学・言語学・文学・美術に関する該博きわまりない知識を自由にもちこんで、つねに人を驚かせずにはいない言葉を語りつづけてきた。

しかし、難解だ。まるで水族館の巨大水槽の分厚いガラス越しに、はなやかに泳ぎ回る魚群を見ているような気分になる。ラカンはそこに鮫として君臨する。観客としてのこちらには音が、声が、聞こえない。黒板に書き付けられる図式は強烈におもしろそうだが、意味は呑み込めない。書物は一種の字幕にすぎない。文字として見せられる彼の言葉に惹かれつつ、その無音の劇場で何が問題になっているのかがつかめない。そんな印象を受けてきた。

生前から毀誉褒貶がかまびすしかった。秘教の導師のように彼に帰依する者。守銭奴にしてペテン師と非難する者。けれども昨年（二〇一一年）没後三十年をむかえて、すべての神話と無縁に、彼の理論を真剣に見つめてみるにはいい時期になった。

著者ルディネスコはラカンの生涯と思想について、おそらくもっともよく知る人物だ。少女

時代に母親の友人としてラカンと知り合った彼女は、その後ジル・ドゥルーズおよびミシェル・ド・セルトーのもとで哲学を学ぶ。英雄崇拝からもっとも遠いところで、いわば少女の目で、ラカンの絶頂と晩年を見てきた。短い章の積み重ねにより書かれた本書は、ラカンの人物と思想の否定的側面をもきちんと述べることで、かえってその抗しがたい魅力を浮上させる。

改めて思うのは、精神分析という知の特異性だ。文学は言語する。哲学は言語をもって説明する。精神分析は言葉にならないものの噴出を目撃し、証言する。言語・沈黙・身ぶりのすべてを言葉として聴き取り、人の存在と社会の基礎に敢然と直面する。われわれの生に、それが無縁なはずがない。


エリザベート・ルディネスコ『ラカン、すべてに抗って』信友建志訳、河出書房新社、二〇一二年

一世紀を生きた人類学者の遺産。二〇〇九年に満百一歳を目前にして亡くなったクロード・レヴィ＝ストロース。近代以後の西欧で最重要の思想家のひとりだ。南北アメリカ各地の先住民神話の分析によって、合理的精神から見ると突拍子もなく訳のわからない神話が土地の人々の宇宙観・自然論・社会関係などを表現していることを丹念にしめした。

構造主義人類学と呼ばれたその思想が現代世界に対してもつ重要性は今後いよいよ明らかに

なってゆくはずだが、本書は大著四部作『神話論理』やそれ以後のレヴィ＝ストロースの著作、特に『仮面の道』『はるかなる視線』などをとりあげつつ、彼の理論と思考態度の核心へとわれわれを導いてくれる。

その思考態度は、たとえば「遠いまなざし」。世阿弥の言葉「離見の見」の翻訳として使われるこの言葉は「異郷化作用《デペイズマン》の技術」ともいえる。自分が属する「ここ」の社会と文化を別の時代や場所からの視線により見つめ直し、または「あそこ」へと出かけて行ってはそこで動き話し見る演技者としての自分を観客の視点から見る。民族学＝文化人類学のもっとも基本的な約束事だろう。

アントロペミーつまり人間の吐き出し（排除）を原理とする西欧社会と「他者のために場所を空けて俟《ま》つ」という先住民社会の対比もおもしろいが、レヴィ＝ストロースに影響を受けたブラジルの人類学者ヴィヴェイロス・ジ・カストロによる「われわれにとって血であるものは、ジャガーにとってモロコシのビールである」といったアマゾン先住民の「多自然主義」をめぐる議論には格別な興味を覚える。

市場経済のグローバル化と人口爆発により自然の収奪がここまで進み、閉鎖系としての熱バランスさえ失われそうな地球で、はたして人類にはどんな未来があるのか、ないのか。道を探るには〈近代〉そのものの「離見の見」から出発する以外にない。人類学にさらなる思考の冒険を期待しよう。

出口顯『レヴィ＝ストロース――まなざしの構造主義』河出ブックス、二〇一二年

この土地をかれらと共有するために。 名前は扉。ヒトは自分の周囲の動植物を知るにつれ、個々の種に名前をつけ知識を蓄積していった。本書は北海道在住のナチュラリストによる愛すべき小著。各地の動植物の名前の由来を尋ねながら、それぞれの生態やヒトとの関わりについて短いエッセーをつむぐ。開かれる扉の先には列島の生命世界の、いつだって大きな感動をもたらしてくれる姿がひろがる。

たとえばオオカミ。奈良時代の「大口真神《おおくちのまかみ》」がやがてオオカミになる。アイヌの呼び名はホロケウ・カムイで、これも神の名。この神が明治以降の北海道では、アメリカ西部開拓地の例にならって駆除され絶滅させられた。その結果、天敵を失ったエゾシカの激増につながったのもすべてはヒトの愚行だ。

さまざまな動植物種の運命を見るとき、ヒトの傲慢が浮かび上がる。生物多様性というキーワードの内実を、今後いかに守り、回復してゆくべきか。過去百年の破壊を取り戻すのに次の百年を使うためにも、まずは人間以外の生物たちに改めてよく親しむことからはじめるしかな

い。名前を覚えよう。

平田剛士『名前で読み解く 日本いきもの小百科』平凡社新書、二〇一二年

彼女はいつどこで何を考えたのか。 アメリカを「代表する」という言い方はふさわしくないが、このような気質とスタイルをもつ批評家はやはりアメリカ合衆国以外からはけっして出なかっただろう。スーザン・ソンタグは二〇〇四年に亡くなった。扱う分野と題材の幅広さ、嚙めばぱりぱりと音を立てるセロリのように新鮮な文体、遠いものを瞬時にむすびつける思考のきらめき、それを支える細心と大胆の比類ない結合、たしかな選択眼。不世出の才能だ。

ふりかえれば晩年の著作ということになるが、二〇〇一年に出版された本書の原著は一九八三年以来の彼女の多様な批評文四十一篇を集めたもの。「読むこと」「見ること」「そこところ」の三部構成をもつ書物の富山太佳夫による全訳は二巻本となり、『書くこと、ロラン・バルトについて』と題された邦訳第一分冊（二〇〇九年）につづく『サラエボで、ゴドーを待ちながら』がこのたび出版された。

ダンス、オペラ、写真など「見ること」の芸術を論じたのち、ヨーロッパ論やサラエボでの日々といった異邦の経験をめぐる考察が第二分冊の大きな部分を占める。改めて思うのはソンタグにとっての旅の重要性だ。とりわけ興味深いのが、少女時代の彼女が夭折したある冒険作家の大ファンだったという事実。リチャード・ハリバートンの名は、パナマ運河を端から端まで泳いだ人物として記憶に留めている人もいるかもしれない。彼の作品が彼女に「作家の人生」を教え、旅への好みを植えつけた。

「私はすべてのことに興味をもってしまう」とソンタグはいう。別のところでは「私は繰り返し感嘆した、賞讃すべきものがいくらでもあった」とも。亡命ロシア詩人ヨシフ・ブロツキイを論じて「より遠くへ、より速く旅するために言語の潜在力を探ること」と記すとき、彼女の精神的な速度の秘密もわかる気がする。そしてソンタグを読むことは私たちにとって、折り重ねられた長い距離の経験そのものだ。

スーザン・ソンタグ『サラエボで、ゴドーを待ちながら』富山太佳夫訳、みすず書房、二〇一二年

物語を超えた言葉の群れへ。九つの短篇が収められたこの本をサリンジャーに倣って「ナイン・ストーリーズ」と呼んでもよかった。でもこれらの文は物語そのものから繋留を解かれた熱気球のように上昇し、たちまち目では追えない高みに逃げ去ってしまう。ジェット気流に乗った熱気球は周囲の空気塊と一体化しているため完全な静寂の中を浮遊しつづけるそうだが、それぞれに異常な速度をもつ各篇はしずかな獣のように凶暴かつ冷静に完結した時空の中をいつまでもぶんぶん飛びつづける。驚くべき生命にみちた文体。
「それにしても雲はなく風もなく、ただ塔はつまれてホットケーキはただなにもなさをひたすらそこをゆくばかり、わたしはホットケーキのふちをつかんで父が望んでいるとおりの足つき手つきで待機をおりまぜホットケーキを積みあげます。父は焼く、姉は投げる、わたしが積んで塔はしっかり進んでゆきます。」何が起きているのかを物語的に理解するのは困難でも、その文字を追うとき強烈なドライヴ感と響きにつつまれる歓びがある。イメージがそのまま思考内容である世界。たぶんこの本は小説というより特異な見かけをもつ〈詩集〉なのだった。

川上未映子『水瓶』青土社、二〇一二年（のち、ちくま文庫）

なつかしさのむこうにある真実への接近。訪れたこともないのになつかしい土地がある。ぼくにとってその筆頭はアイルランド。なぜか昔から大好きだ。ひとつにはその文学のせいで。批評家リチャード・エルマンが「四人のダブリン人」と呼んだワイルド、イェイツ、ジョイス、ベケットは、それぞれの傾向において文学のある頂点をしめした。いまも強烈に魅力的だ。あるいは「リヴァー・ダンス」で世界的に有名になった独特な踊りや音楽。立ったまま黒ビールを片手に延々とつづくパブでの会話。そんなアイルランドを、ぼくはアイルランドの外で体験してきた。

守護聖人の祝日として毎年みんなが緑色の服を着て参加する聖パトリックの日のパレードはアイルランド系住民の多い都市なら北米でもオセアニアでも行われる。そう、アイルランドとは移民の国、その背後にあったのがジャガイモの不作とイギリスの圧政に由来する十九世紀の大飢饉だったこともよく知られているだろう。カナダでもニュージーランドでも、世界に散らばったアイルランド人たちに会った。みんなぜか人なつこく話し好きだった。〈国〉とは小さな印象の積み重ねだ。そして出会いは国境の内外のどんな場所でも起こりうる。

本書は現代アイルランド文学の名翻訳者によるアイルランド紀行。現実の旅に、文学や音楽や映画や美術の記憶が自在に織りこまれてゆく。アイルランドでは土地をめぐる知識の総体を「ディンシャナハス」と呼ぶそうだ。一見荒涼とした風景にも、土地の名を手がかりに過去の出来事を見通すことができる。著者は自分の記憶と他人の記憶から「新しいディンシャナハスのアンソロジー」を作ることを試みたという。彼の適切な案内と要所要所での練達の「吹き替え」が、言葉を色濃く宿すこの島国をたっぷり体験させてくれた。幸福な読書だった。いっそうその国を訪れたくなった。

栩木伸明『アイルランド紀行――ジョイスからU2まで』中公新書、二〇一二年

動物と出会うとき人は何を考えるか。北海道の野付半島で、秋の夕方、一頭の若い鹿に出会った。すすきの生える湿地で丈の低い植物をしきりに食べている。間近から目と目を交わしてもすぐには逃げない。やがてのんびりと茂みに姿を消していった。帰り道、暗闇の国道二四四号線で、まちがいなく車との衝突で死んだ大きな牝鹿を見た。外傷はほとんどないが口から血を流している。野生動物との出会いはつねに強い感情を引き起こす。生きた鹿、死んだ鹿。そして出会いがあるたび、動物の命について考える。

この地上では植物が光合成によって太陽エネルギーを変換し動物たちに与えてくれる。動物たちは互いを食い食われながら生命の流動に参加する。ヒトは動物の一員でありながら他の動物たちから身を引き離すことで人となった。他の動物たちが身を捧《ささ》げてくれたことで人となった。

本書は十篇の人類学的論考を集めている。人と動物、動物と人。この「と」に、「に」「の」「は」「も」「から」を順次代入することを編者は提言する。それで本書の射程がしめされる。扱われるさまざまな事例が興味深い。カナダのカスカやマレーシアのプナンの人々の動物との関わり。ヨーロッパにおける怪物の歴史や中部アフリカにおける「人間ゴリラ」と「ゴリラ人間」の話。ネパールの生態宇宙論や隠岐島の民間伝承、などなど。考えるヒントにみちた刺激的論考がつづく。

現代とは大型野生動物の大絶滅時代だ。それが過剰な個体数を抱えたヒトという種の経済行動と密接に関わることも疑えない。動物を食い、使い、愛玩し、ただし動物に食われることはない（ほとんど）。ここに潜む気持ちの悪さにとりくむための鍵は、やはりアニミズムという言葉にあるのではないか。ポール・ナダスディが語る罠にかかったウサギのエピソードが妙に心に残った。そのウサギのあくまでもしずかな目を想像するだけで胸が苦しくなる。だがそれはなぜだろう？

奥野克巳＋山口未花子＋近藤祉秋『人と動物の人類学』春風社、二〇一二年

北の島に残る言語をめぐって。地図を見るとサハリン島は本当に大きい。南北の長さは948キロメートル。一九四五年までの四十年間、その島の南半分は日本領「樺太」だった。国立国語研究所「海外の日本語変種」プロジェクトから生まれた本書は、台湾およびマリアナ諸島における日本語研究につづく、シリーズの三冊目だ。

樺太では人口の95パーセントが日本人、日本語が公用語だった。だがここはもともと多民族混住の島。アイヌ人、ウイルタ人、ニヴフ人といった諸民族が古くから住んできた。民族接触の面から特に興味を引かれたのは旧・敷香町（ポロナイスク）近郊にあった「オタスの杜」だ。いくつかの少数民族集落があったこの森は観光地として宣伝され、敷香教育所が置かれて日本語とウイルタ語による教育が行われた。数は少ないが例えばウイルタ人、ニヴフ人、サンタン人であるかれらが、戦後サハリンにおける日本語の担い手の一部となったわけだ。

歴史に翻弄され、人はいくつもの言葉を覚え、話す。そして個人の言葉は語彙・語法・訛りのすべてに歴史の痕跡を留める。改めてそんなことを考えさせられた。

朝日祥之『サハリンに残された日本語樺太方言』明治書院、二〇一二年

代々木公園に立ちこめる記憶の霧。　いま代々木公園を訪れる人のどれだけが知っているだろうか、ここがかつてワシントンハイツと呼ばれる米軍住宅地だったことを。一九六四年に東京オリンピックの選手村に転用されるまで、八二七戸の住宅をもつ丸ごとひとつのアメリカの町があったのだ。本書は撮影開始時まだ大学生だった若き写真家（故人）が、ここに住むアメリカ人の子供たちのリアルな姿を追った写真集だ。

幼児からせいぜい小学校高学年までのたくさんの子供たち。かれらの白と黒という肌の色の差異に敏感に反応し、あるいはハロウィーンなのだろうか、奇怪な仮面姿のかれらの表情に迫る。おそらく若者だけに許された被写体との距離の近さが生々しさを生む。そこが東京の一角だと思わせる要素がほとんどない風景がかえって戦後史のある断面を露呈させ、それはどこか祭りの後のようにさびしい。

『山村雅昭写真集 ワシントンハイツの子供たち』山羊社、二〇一二年

文学が合宿にはじまるとしたら。そんなものがあるとは思ってもみなかった。台湾の「文学営」のことだ。夏ごとに台湾では文学研修のための合宿が三十以上開催される。主催者はさまざまだが、作家と読者それに編集者が集まり、数日にわたる交流の機会を得る。文学をめぐる作家の講義を聴く読者の側もこの機会に自作を発表し、優秀作が選ばれれば作家デビューのきっかけになる。本書はこの台湾独特の文学イベントの来歴を尋ね、著者みずからの三つの文学キャンプ体験記と台湾文学研究の本格的論考を収録する、刺激的な一冊だ。

いっそう驚くのはその起源が国民党の「中国青年反共救国団」による一九五五年の「戦闘文芸大隊」だったということ。エリート青年に対する反共教育サマーキャンプが創造の場へと作り換えられていった。そしていま、毎夏三千人以上が参加して台湾各地で文学合宿が営まれる。

年に四万冊の本が出る台湾ではとにかく作家が必要、文学営はまさに台湾文学を生み出す母胎となっているらしい。こんな合宿形式のワークショップを日本でやってみるのもおもしろそうだ。

赤松美和子『台湾文学と文学キャンプ――読者と作家のインタラクティブな創造空間』東方書店、二〇一二年

二〇一二年の三冊。

（1）畠山直哉『気仙川』河出書房新社
（2）片岡義男『言葉を生きる』岩波書店
（3）キルメン・ウリベ『ビルバオ－ニューヨーク－ビルバオ』金子奈美訳、白水社

畠山直哉といえば現代日本のもっとも理知的な写真家。クール・ロマンティックと称され感情を排してきたような彼が、ふるさと陸前高田への鎮魂の書として作ったのが（1）。涙なくしては読めない。（2）では英語で考える日本語の大作家が自伝にきわめて近いものを書いた。驚くべき精神の軌跡。スペイン・バスク地方の新鋭作家のしずかな心の旅を新鮮なスタイルで描く（3）。さまざまな要素が呼応し歌の箱のように響き合う。翻訳も見事だ。

物語の途方もないおもちゃ箱。物語とは何かと考えることがある。ある人物がいる。その人が具体的な場に置かれて動き出す。誰かと出会う。出会う相手は人間でも獣でもモノノケでもかまわない。出会いはそのまま事件となり両者に関係が生ずると、こんどはその関係を反映させた行動が登場人物に強いられる。その行動が滑稽あるいは幸福なものか、悲惨あるいはグロテスクなものかは、それぞれの物語次第。登場するキャラクターが増えれば複雑さも増す。いずれにせよもっとも素朴なかたちにおいて、物語とは誰かの体験談であり、それはおかしみや悲しみや楽しみの源泉となり、聞き手に人生を考えさせるものだった。それは人が「その場にない物や事」を報告できるようになった言語の発明とともに古い実践であり、人と人をつなぐもっとも確実な方法だった。

一三五一年に成立した、フィレンツェの人ジョヴァンニ・ボッカッチョの『デカメロン』は、世界文学史上に燦然と輝く物語文学の傑作だ。それが平川祐弘による平明かつ典雅な訳文で読めるようになった。物語の設定は一三四八年春。ペスト（黒死病）の大流行によりフィレンツェ市の人口の三分の二が死亡した、想像を絶する大災厄の年だ。市の城門を出て田舎へ避難しようとする七人の若い女性と三人の青年は、交互に物語を語って心をなぐさめる。ひとり一話、十日間、合計百話。黒死病の濃厚な影にあっては、喜びと楽しみを求めて物語を語ること自体が死に対する抵抗となる。そこで生まれる物語が生の讃歌であり、登場人物たちの身も心も存分に躍動させるものばかりなのは当然だった。

それぞれの日には大まかな主題が与えられているのだが、恋の話が多く性愛が驚くほどあけすけに語られ聞き手はよく笑う。古来、低俗な艶笑文学と軽んじられたこともある本書だが、それは修道士や尼僧を笑いのめしているため。むしろ未曾有の悲劇の中、崩壊したモラルを物語の並列により相対化し立て直そうとする作者のバランス感覚が感じられる。健康な欲望を語り、機知と悪巧みと愚かさで笑わせ、結末ではうまくオチがついたりつかなかったり。しかも物語はヨーロッパという境界をやすやすと越え地中海世界全体を視野に入れている。いくつかの物語にみなぎる驚くほど新鮮な、近代的というよりも現代的でカラフルな感覚は、ここで中途半端に要約するよりもぜひ読んで実感してもらいたい。

ひとことでいえば短篇小説の宝箱。近代以後も多くの作家たちがインスピレーションを求めて本書を繙いてきたのはもっともだ。人の心に普遍性を教えるのは、神学的な公理ではなく物語の力なのだから。今回の平川訳には、訳者の肉声がそのまま聞こえる訳注のみならず、感動的なまでに充実した解説が添えられた。ダンテ『神曲』の訳者でもある平川が強調するのはダンテとの言語的連続性とともに、ダンテとはっきり対立するボッカッチョの「寛容」だ。物語による価値相対化がもたらす平和共存への努力という視点は、訳者の思想の根幹でもあるにちがいない。一四九二年刊行のイタリア版『デカメロン』からとられた素朴な木版挿絵が、作品世界への楽しい扉となっている。

ボッカッチョ『デカメロン』平川祐弘訳、河出書房新社、二〇一二年（のち河出文庫）

辛さに挑み、叫べ。YouTubeで「ハバネロ」「チャレンジ（挑戦）」といった鍵語を検索してみた。該当する映像がいくらでも出てくる。辛いトウガラシを思いきり齧り、苦しむ自分や友人の姿を笑い合うのだ。口が火を噴き涙が滂沱と流れ七転八倒し、でもそのむこうにエンドルフィン（脳内物質）が見せてくれる至福の光がある。

カプサイシン（辛味成分）の魅力は抗しがたい。中南米原産のこの植物が世界の他の地域に知られるようになったのはコロンブス以降のこと。またたくまに世界を制覇した。いまでは惑星規模で、さまざまな土地の料理にトウガラシは欠かせない。本書はその魅力にとりつかれた料理人、農業生態学者、民族植物学者のトリオが「スパイスシップ」号と名付けた車に乗りこみ「ホットスポット」（辛味の聖地）を巡歴する、特異な紀行文だ。

問題意識はグローバルな気候変動。予測がつかない洪水や旱魃に、さほど離れてもいない土地が翻弄され、農家はそれに対応しつつ作物を守らなくてはならない。土地の伝統料理の代表的食材としてのトウガラシに注目する三人組は、そのようすを訪ねてソノラ砂漠、フロリダのファースト海岸、ユカタン半島、ルイジアナ、ニューメキシコのリオグランデ川流域などを回る。こうして見るとアメリカとメキシコにまたがる多文化の境界地帯ばかり。かれらの見聞は、そのまま興味深い文化接触論になっている。

トウガラシという旅する植物の、土地ごとの魅力的な種とその生産現場、伝統料理を体験したかれらの結論は、多様性の礼讃だ。地産地消を進め土地ごとの農と食の多様性を守ることが、気候変動を生き延びグローバル資本の支配に抵抗するための基本姿勢となる。料理研究家の田内しょうこによる訳文は読みやすいが、スペイン語名詞の表記は若干見直しが必要。ともあれ巻末のレシピー集にしたがって、今夜はセビーチェでも作ってみよう。

カート・マイケル・フリーズ＋クレイグ・クラフト＋ゲイリー・ポール・ナバーン『トウガラシの叫び――〈食の危機〉最前線をゆく』田内しょうこ訳、春秋社、二〇一二年

「さんご」の謎に迷うとき。

文字列の異様な現れ、異形の作品だ。だが一瞥してそう判断し、この話題作を敬遠してはもったいない。長い懐胎の期間があったに違いないが、そんな熟成のための時など存在しなかったと事もなげに思わせるみずみずしい傑作だ。

横書き。カタカナがまったく使われない。漢字語の多くが、規則があってかなくてか、ひらがなで表記される。その効果としての区切れのつかみがたさが読みにくさと感じられても、それは見かけのことにすぎない。

そもそも題名の「ａｂさんご」とは何なのか。ひとりの人間が同時に二つの地点にいることはできない。ａに行くかｂに行くか、あるいはどちらにも行かないか。この原則に立って緩慢な成長をつづけるのが人生という「珊瑚」なのかもしれない。あるいは文章によってみずからを生み直した作者の「産後」？　三々五々小学校に通う児童の群れ？　「散語」すなわちとりとめなく書き散らされる言の葉？

正解は知りがたいが、この小説が漠然とたどるのはひとりの女性の成長と感情教育の歴史であり、その回想は、安易に言語化されて抽き出しにしまわれがちな記憶を言語そのものの見直しによりもういちど現前させる冒険をともなっていた。

漢字を習得中の小学生は独特におもしろい漢字かなまじり文を書くものだが、作者のひらがな使用にはそんな気配が感じられる。ひらがなの使い方そのものが言語習得の歴史をそのつどその場でたどり直させ、いくつもの年齢段階を同一の文に書き込む結果につながっている。

そして「傘」や「家」の代わりに「天からふるものをしのぐどうぐ」という言い方を開発す

るとき、作者は再び彼女にとっての世界の始まりに立つ。それは再発見だが、元々の発見が忘れられた後の再発見。そこにむかって持続する意志こそ、この緻密な作品にみなぎる力の秘密なのだろう。

黒田夏子『ａｂさんご』文藝春秋、二〇一三年

小説家、あるいは仮死の身体。書き手にはつねに読み手が先行する。読むことだけが書くための言葉を教え、初発の推進力を与える。のみならず書くという行為自体が、つねにいま書かれつつある言葉を読み直し点検し、たたみこむ動作とくりだす動作を同時に体験しながら進む以上、作家について改めてその読みの力に感嘆するのはばかげているだろう。それでも堀江敏幸によるこの作家論集がしめす、読み手としての彼の圧倒的な力量には、新鮮な畏怖を覚える。

本書は彼自身にとって親和性の高い作家たちを多くとりあげている。小説家に先行する批評家が批評という営みに内在する本質的な正直さをあらわにし、読み考えるという身体的な営みがもたらしたものを、会話の糸口のような率直さで書きつけるのだ。すると作家たちが彼に与えた贈り物を、われわれのほうは読者としてそのままに分かち与えられ、ゆったりとみちたりた気分に誘われる。

書名を与えた一文は小島信夫論。「ぼくは一番なんとなく書きたいと思うことは、余ることばかりなのです」という小島の一言を手がかりに、この先輩作家の奇妙な作風の流れを見分けてゆく。堀江と小島は同郷だが、「同郷」という言葉の再定義までが求められるだろう。批評や小説といった区分を抜け出る動きを堀江はつねに意識し、小島のみならず竹西寛子や古井由吉、本書で扱われるほぼすべての作家たちに、精神的同郷性とでも呼べるものを見出しているように思う。

風を浴びる経験としての読書の歓び。永遠の少年じみたその佇まいとは裏腹に、堀江敏幸にぼくはいつも精神年齢の異常な高さを感じてきた。ただ文によって鍛えられた想像力だけが到達する境地、墓のむこうからの視線だ。文を生産する身体を風のように使い、一種の死者として生きるしかない作家の覚悟に、改めて波をかぶったような気分になった。

堀江敏幸『余りの風』みすず書房、二〇一二年

この過剰な贈与を考えぬくために。太陽がすべてを与えている。地球上の生命とは太陽エネルギーが変換された現象にすぎない。あたりまえのことだが、何度でも確認しておく必要がある。そして地球が閉鎖系である以上、地上で消費できるエネルギーの総量が限られていることも。

昨年没後五十年を迎えたフランスの思想家ジョルジュ・バタイユの発想の根底にあったのも、この太陽からの贈与という視点だった。

太陽はみずからを破壊して地球にエネルギーを与える。その過剰から生命が生まれる。生命は増殖を本質とし、増殖は余剰を生み出す。人間は有用性を原理として社会を営むが、有用性だけが支配する社会には希望もよろこびもない。過剰な部分を蕩尽することの昂揚が、人をいきいきとさせる。無用、浪費、違反、祝祭。現在、そうした発想があまり違和感をもたらさないのは、すでにわれわれがバタイユのいう「一般経済学」の思想圏にいることの証明かもしれない。

本書はそんなバタイユの全貌を、丁寧に概観する。論述は、あくまでも明晰で、ゆるぎなく、ゆるみもない。古文書学校を出た図書館員として終生すごしつつ、多くの文学者・哲学者・芸術家たちと地下水系のような交渉を保ちながら、娼家を好み、バタイユはすべてを考えた。社会学、宗教学、哲学、文学、美術史。すべてを横切るようにして、「死」という想念にとりつかれずには生きてゆけない人間存在の核心を考えた。

あらゆる通念（ドクサ）に対してスキャンダラスなまでに抵抗を試みたパラドクサル（逆説的）な人。彼が第一次大戦からヒロシマ、アウシュビッツにいたる大量かつ無名の死をつきつけられてきた世代に属していることには、大きな意味があるだろう。痛いほどの不安が生んだ思想だと思う。それは現代のわれわれの多くが共有している不安だ。チェルノブイリがあった。福島の状況はいまもつづく。有用性・計画性の社会の破綻に直面した現在、改めてバタイユの姿勢に学びたい。

吉田裕『バタイユ　聖なるものから現在へ』名古屋大学出版会、二〇一二年

すべてがぐるぐると渦巻く海岸で。昨秋から本年一月にかけて、せんだいメディアテークで開催された志賀理江子の写真展が『螺旋海岸』。ぼくの知人も何人かがそれを見にゆき、口々にその衝撃を語ってくれた。ぼくは行けなくて残念だった。展示形式自体が、前代未聞のものだったようだ。大きく引き延ばされた写真が木製のパネルとして斜めに立てられ、渦巻くようにフロアに配置されている。作品数は二百四十点以上。タイトル作品では、写真家自身が倒れた松を押してぐるぐると進み、木の枝が砂地に同心円の痕跡を描いている。この作品をめぐる彼女の驚くべき写真思想については、ぜひ164ページを読んでください。

写真展への追補として作られた本書は、二〇一一年六月から一二年三月までに彼女がメディアテークで行った全十回のレクチャー記録を中心として編まれている。名取市沿岸部北釜の松林に彼女が住みはじめたのが二〇〇八年十一月。集落の専属カメラマンとして行事を撮影し、さまざまな人生の物語に耳を傾けた。そして津波。みずからも避難所ついで仮設住宅で生活しながら、彼女は波に流され泥の中で見つかった住民の写真を洗い集会所に並べるという活動にも取り組む。どんな祈りの日々だったことだろう。

北釜の松林に、世界の遠くまでつながっている「社会」を見つけたという彼女が、思春期以来いだいてきた写真とは何かという問いに対する暫定的な解答が『螺旋海岸』の展示だった。「イメージ」という用語の独特な使い方とともに、語りのレベルでもきわめて刺激的な言葉が、それに付随して生まれた。われわれの心と身体のあり方の根源的な層を、手探りでつきとめようとしている貴重なノートブックだ。

志賀理江子『螺旋海岸』赤々舎、二〇一三年

廃墟の幼児たちが詩人になるとき。ヨシフ・ブロツキイ（一九四〇—九六年）は二十世紀後半の世界でもっとも興味深い詩人のひとりだった。ソビエト連邦に生まれ、アメリカ合衆国で死んだ。一九八七年、ノーベル文学賞受賞。〈英語詩人〉という枠内で見たときでさえ、セントルシアのデレク・ウォルコットや北アイルランドのシェイマス・ヒーニー（それぞれ九二、九五年にノーベル文学賞）と並ぶ高峰だといえよう。ぼくはもっぱら英語で彼のエッセー集やいくつかの詩を読み、魅了されてきた。

だがそれはあまりに不充分な経験だった。言語間の〈渡り〉をある水準で果たしたとはいえ、彼は根源的にロシア語詩人だった。しかもどこへ行っても他所者《よそもの》であるユダヤ人として、ロシア語という言語のみが故郷と思い定めていた節がある。英語ではこの巨大な山塊のなだらかな裏面を眺められるにすぎない。ロシア語という表面においてこそ、その偉容が真の輝きを見せるのだ。

本書は詩人ブロツキイの全体像をめぐる、本邦初の本格的な研究書。ロシア語をまったく知らないぼくには願ってもない山岳ガイドだ。隠された風景を教えてくれる。たとえばコッド岬を舞台とする初期の長篇詩で、cod（鱈《たら》）という音に god（神）が響いていることは英語読者にも想像がつく。しかし鱈をさすロシア語の треска が十字架 крест を隠していることなどは、当然ながら思いもよらなかった。圧巻は本書の第四、五章を費やして試みられる長篇詩「ローマ・エレジー」の注釈。ロシア語原詩を丁寧に解釈し、ついでブロツキイ自身による英訳が詳細に検討される。極上の講義を受けている気分になる。

他にもブロツキイにおける古典古代の意味、〈帝国〉という概念、亡命者にとっての言語、詩人のユダヤ性など、話題はつきない。ぼくには、大戦による〈廃墟〉の風景を幼児体験としてもつ文学者の世代論も気になる。彼は J・M・G・ル・クレジオやブルース・チャトウィンと同い年なのだ。

竹内恵子『廃墟のテクスト——亡命詩人ヨシフ・ブロツキイと現代』成文社、二〇一三年

さあ、バオバブの島国へ。マダガスカルと聞いて地理知らずのぼくが真っ先に思い浮かべたのは巨大なバオバブの木。もう覚えてもいない過去のどこかで、メディアの教育を受けた結果だろう。その連想はあながち間違いでもなくて、アフリカとオーストラリアに一種ずつのバオバブが、ここには数種類もあるそうだ。島といっても侮れない。独自の動植物と多様な文化をもつ広大な土地だ。その独特の魅力がまっすぐ伝わってくる手記に出会った。

あきれるほどストレートな書名をもつこの小さな本は、土地とその文化・社会への「とびこみ」を実感させてくれる好著。一九八〇年代末、神保町の古本屋で雑誌「ナショナル・ジオグラフィック」のバックナンバーを見ていた著者は、マダガスカル特集にあった一枚の写真に釘づけになる。「夕日を受けた巨大なバオバブの間を牛車がゆっくりと通り過ぎて行く写真」。これは行くしかない。それで会社を辞めて、旅立った。人生のある年齢と段階でしかありえないそんな行動に始まるこの島国との長いつきあいが、飾らない文章と鮮やかな白黒写真で淡々と綴られる。

驚くべき話の連続だ。アフリカ大陸のすぐそばにあっても、ここはアフリカではない。むしろアジアを思わせる顔立ちの住民たちが、カラフルな風景をもつ土地に暮らしている。民族集団の数は約二十。生活習慣の違いも当然だろう。旅をし、人々と交わり、珍しい料理を食べ、言葉を覚え、著者が土地になじんでゆく過程を、われわれはしずかに目で追う。

ひとりあたりの米の消費量世界一の島だ。タクシー・ブルース（乗り合い自動車）でおしあいへしあい旅をする国だ。トゥンバという霊媒師が病気を治療し、呪術をかける。ファマディハナという強烈な改葬儀礼では、人々はラーザナ（先祖）の遺体を墓から出し、練り歩き、美しい布で包み直す。歓喜の祀り。第一線の二人の人類学者が寄せた巻末の文章も、著者およびマダガスカルへの愛情にあふれていて好もしい。

堀内孝『マダガスカルへ写真を撮りに行く』港の人、二〇一三年

イディッシュ語作家が背後にもつ世界。イディッシュ語、すなわちヘブライ・ドイツ語。東欧のユダヤ人共同体の伝統的な言語だ。国土をもたず国境も関係ない。ただユダヤ教に基礎を置く独特な生活世界の匂いを放ちながら、周囲のキリスト教社会による迫害や強いられた離散を、長い年月にわたって生きてきた。

言語は使用共同体の生々流転のすべての記憶を留めているものだが、それが不朽の地位を得るには作家による作品化が不可欠だろう。小説という形式において、ある集合的経験が結晶化され、外の人々にも窺い知ることのできるものになる。シンガーのこの短篇集は、東欧ユダヤ人の宇宙に読者を招き入れ、その異様な実在感を存分に味わわせてくれる。

一九七八年にノーベル文学賞を受賞したアイザック・バシェヴィス・シンガーは、ユダヤ系アメリカ作家と呼ばれることが多かった。作品はもっぱら英訳(作者みずからも関わっている)によって世界に知られたが、その仮面の下の素顔はイディッシュ語作家イツホク・バシェヴィス・ジンゲルだった。本書の作品群は、西成彦によるイディッシュ語原文からの翻訳。

学びの舎(ベイスミドラシュ)からねじりパン(ハラー)にいたるまで、ユダヤ文化独特の語彙が頻出する。とっつきにくく思う人もいるかもしれないが、すぐに慣れる。そのむこうに広がる世界はこの上なく興味深い。ユーモアがあり、真理がある。怪異があり、教訓がある。学問があり、世俗の欲望がある。独特な道徳観があり、災厄の記憶がある。

スピノザの『エチカ』ばかり読んでいる哲学博士がバカ者となって終わる愛すべき「スピノザ学者」や、アメリカへの一族の移住が民話のように語られる「ちびの靴屋」を、ぼくは楽しんだ。他の作品にも総じて極端な登場人物や大げさな判断が多く、それがおもしろい。小説という世俗の形式にも、どこか「神」と呼ぶしかない存在の影がさしているように思えるのだ。

アイザック・シンガー『不浄の血』西成彦訳、河出書房新社、二〇一三年

英語とは日本語にとって何だったのか。一九六九年、アポロ11号月面着陸。「同時通訳」が脚光を浴びた。七〇年、大阪万博。外国一般に対する関心が高まり、その風は小学生にも吹いた。ぼくは六年生、にわかに英語好きになった。同世代の人にはわかってもらえると思うが、オジサン的イメージの強かった同時通訳者の中にひとり素敵な大学生くらいのお姉さんがいて、彼女はわれわれの女神、アイドル、はるかな目標だった。鳥飼玖美子さんだ。

本書は鳥飼さんの本格的な回想記。英語との出会い、大学二年生から始めた通訳の仕事、大学での英語教育への転身、理論的研究と、キャリアの全体をふりかえりながら、時代と社会をつらぬく大きな力を彼女は考えようとする。自分の人生の流れに背後から作用したものは何か。かつて『通訳者と戦後日米外交』でパイオニア同時通訳者五名を論じた彼女は、先輩たちに行ったオーラル・ヒストリー（口述史）的インタビューを自分自身に対して試みたのだともいえるだろう。

赤坂檜町で生まれ育つ。小学校低学年のころ、近所の外国人少女に話しかけたくてたまらない。母親から言い方を教わり「ワッチャーネーム？」「ベッキー」。英語による初めてのやりとり

りだ。高校生のとき、アメリカに留学。公民権運動とビートルズの時代、ケネディ大統領暗殺にもぶつかる。大学に入学し、やがて同時通訳の訓練を受けはじめる。すぐに国際会議を経験、テレビ番組の準レギュラー。ぼくらが記憶する若き鳥飼さんの活躍が、こうしてはじまった。

国際社会にとって英語とは何か。日本語で暮らすわれわれに英語は何を教えるのか。二言語間の往還運動によってみずからを鍛えてきたトップ・アスリートのような彼女が、滑り台が怖くて滑れない、走ればいつもビリの子だったところを想像するのは楽しい。でもいつも言葉にこだわって生きてきた。その精神の凛とした強さが、この本からはそのまま伝わってくる。


鳥飼玖美子『戦後史の中の英語と私』みすず書房、二〇一三年

人々の情動に感応する人類学へ。 人の文化や社会がどれほど多様であろうと、死が人々の中心的興味のひとつであることは変わらない。肉親や恋人、地域の住民、メディアによってのみ知る誰それ。同心円上に位置する人々の死は、さまざまな程度で私たちを揺り動かす。その彼方には、自分もまた死すべき者であることへの諦念がある。

タイといえば仏教国のイメージが強いが、南部ではムスリム(イスラム教徒)も多い。本書は南タイ、仏教徒とムスリムがほぼ半々の村で二十年以上にわたって調査を行ってきた人類学者による民族誌だ。二つの宗教が共有する生活空間で暮らす村人たちの生のありようを著者は見つめ、いくつかの事例によりそこに働く力を考えてゆく。

たとえばある中高一貫校での集団憑依事件。生徒の八割がムスリムである学校に仏教徒の女性校長が赴任し、土地神にヤギのカレーを供える儀式を禁止した直後から、生徒たちに失神があいつぎ、暴れる者が出てきた。いろいろな精霊が登場し、現実世界とは別の関係性が生じる。結局、校長が学校を去るまで、原因不明の一連の動きは収まらない。いったい誰のどんな欲望がその全体を演出したのか。それはわからないが、そこには情動の伝染というべき事態がたしかにあった。

情動。何かに出会うたび、私たちの身体は動揺する。それは「感情」という日常的な言葉が含意する「内面の」反応というよりはずっと全身的な現れで、身も心もなく全面的に私たちは出来事に反応する。人の生のこの基本的なあり方を、著者は身近に見聞きしたエビ養殖の顛末や姦通殺人などを通じて語ってゆくのだ。

誰もが情動の流れと相互作用の一部として、偶然に翻弄されつつ、一回かぎりの生を生きている。調査者である自分もまた。丸ごとの共鳴体として、出来事を甘受しつつ。いわば徹底的に受け身であることから出発する人類学の、ある根源的な層にふれる思いがした。

▼……西井涼子『情動のエスノグラフィ――南タイの村で感じる・つながる・生きる』京都大学学術出版会、二〇一三年

食物が言葉に変わるとき。食べるとは記憶を食べること。あの時あの人と食べた料理の味わいが、はるかな時空を隔てて突然よみがえる。食物により作られてきたのは自分の肉体だけではなく、心もおなじだ。人生そのものを流してゆく川のような食べものの記憶が、端正で理知的な散文で綴られる。

この記憶の旅が独特な紀行文学となるのも、著者ならではの持ち味だろう。幼少期の箕面や伊丹にはじまり日本を離れアジア、ヨーロッパ各地へと旅はつづき味覚の冒険が重ねられる。吉田健一、檀一雄、邱永漢らの著作に匹敵する、みごとな食の随想集。

四方田犬彦『ひと皿の記憶——食神、世界をめぐる』ちくま文庫、二〇一三年

無人を通して歴史の層にふれる詩集。詩人は誰も代表しない、自分自身を除いては。どんな題材を扱い、どう言葉を並べつなげてゆくのも完全に自由だ。それが詩という行為の出発点だったのだから。創作は想像力以外の論理にしたがわなくていい。

けれどもどんな詩人も抽象的な時空に住むわけではない。現実の生活、日常の風景が、外から加えられた力によりとんでもない変形をこうむったときにはどうするのか。あたうかぎり拘束を逃れ自由でありたいと願う想像力が、途方もない現実によって追いつめられたときにはどうするのか。

言葉という、もともと模倣によって学ばれ、ひとりの人間にとっては世界との接触面そのものでもある存在は、あらゆる機会に傷つき、ほころび、曲がり、色合いを変える。その機会が大震災とそれに由来する原発事故のような、想像を絶する規模と今後無限定な未来へとつづいてゆく影響力をもつものであるとき、詩人の想像力もまた泥まみれになりずたずたになった言葉からの再出発を果たさなくてはならない。いますぐ対処しなければならない現実が押し寄せてくるとき、詩という想像力の言葉もまた、その現実がつきつけてくる火急の問いから自由になることはできない。

本書は和合亮一という大きな力量のある詩人の渾身の一冊だ。彼の生涯の代表作のひとつとなることが約束されている。なぜなら、ここにはっきりと刻まれているのは和合による〈福島の詩人〉としての使命の自覚であり、自分の生涯はおろかヒトという生物の数世代をかけても解決のありえない問題にさらされつつ生きてゆくことの覚悟だからだ。

震災前の詩が六篇、震災後のものが九篇。抒情の言語は連続している。だが震災という経験によって決定的に変わったものがある。たとえば〈無人〉という言葉の意味だ。震災前の作品で、巻頭に置かれた「俺の死後はいつも無人」にある「無人の東京」と、震災後の作品で、巻末に置かれた「誰もいない福島」にある「誰もいない福島」のあいだの果てしない断絶。後者の無人ぶりは、いずれも震災後に書かれた「僕が転校してくる」における夜の無人の小学校とも、「無人の思想」における立入禁止地区の情景ともつながってくる。

人がいなくて無人なのか、それとも無人がいると考えればいいのか。死と喪失の後の無人なのか、それとも無人という存在がこれから生命を懐胎してゆくのか。この両義性は、しかし詩人にとっては大きな態度の転換を記している。個人的な抒情から、ある集合性を担う決意へ。詩人という無人が、詩集の冒頭から末尾までのあいだに大きく変貌する。「一生をかけて／追って盗んでいくしかない」（「俺の死後はいつも無人」）と考えていた「俺」の「俺」が、途方もない出来事を通じて一気に到来したのだ。

そしてさびしさと怒りにつらぬかれた彼の詩が、徹底して生命の側に立つ社会批判でもあるとき、和合亮一は福島を〈代表〉する詩人となった。みずから望んだわけではなかったかもしれないが、後戻りはきかない。「魂と　放射線と　共に　生きるとは　何か」（「ロンサム・ジョージ、ロンサム・ジョージ」）「死は眠れずにずっと／今日も夜を見守っていた」（「馥郁たる火を」）

無人とはたとえば「靴の中で遊ぶ何千もの子どもたちの影」（「廃炉詩篇」）でもある。失われた子どもたちがいた、生きてゆく子どもたちがいる。われわれはこの社会をどうしたいのか。

日本語の詩がこの根源的な問いに直面した、歴史的な詩集だと思う。

和合亮一『廃炉詩篇』思潮社、二〇一三年

われわれと共に進化してきた同伴種へのまなざし。人と犬がいつごろから生活をともにするようになったかについては諸説があるようだ。だが一万二千年前までには確実に、われわれは一緒に暮らしていた。今年の春ごろ、人と犬の遺伝子は何千年にもわたって並行進化してきたという記事を何かで読んだ。密着して暮らした結果、神経伝達物質や消化に関わる何かを共有するようになった、といった話だったと思う。

曖昧ですみません。そこは素人の悲しさ。科学研究の最先端の話題は、大体うろ覚えの伝聞に終わってしまう。それでも人は啓蒙されることを好み、断片的知識にさえ大きな喜びを感じる。その点ありがたいのが、いわゆるポピュラーサイエンスの本だ。本書ではベテランのサイエンスライターが犬と人との関係を調べ、また体験したかぎりのことを、わかりやすく噛み砕いて語ってくれる。まるで犬や狼の母親が吐き出した食物を子どもに与えるように。

たとえば人と犬の協同関係だ。人間が捨てた食べ物をもらおうとする「随行狼」のグループが、あるとき発生した。かれらは周囲の危険をいちはやく察し人に知らせる。よく吠えるのもなつくのも子犬的行動だが、子どもっぽい個体が人によく受け入れられ選択される。人の特徴としてしばしば挙げられるネオテニー（幼形成熟）は、こうして犬の進化史にも見られた。一緒に暮らし生活上必要な行動の一部を互いに外注しあうことで、驚いたことに人も犬も脳がそれだけ小さくなった。互いが互いを作ったのだ。

巨大なプードルでセラピードッグの愛犬チャーリー（スタインベック『チャーリーとの旅』に由来する名）とのエピソードや自伝的要素もちりばめながら、犬をめぐる省察が綴られる。そして議論の本筋には関係ない脱線部分にこそ、本書の味わいがつまっている（ちょっと冗長なところもあるけれど）。犬好きとしては全方向的にいろいろなことを考えさせられ、楽しめる。桃井緑美子の訳文は大変に読みやすい。

……ジョン・フランクリン『子犬に脳を盗まれた！——不思議な共生関係の謎』桃井緑美子訳、青土社、二〇一三年

猫旅、ふたたび。人間には犬派と猫派がいるようだ。でも両者の関係は、見たところ非対称。犬なんて、と猫派はいう。猫もかわいいね、と犬派は思う（自分のことですけれど）。犬と猫にはそもそもそんなに違いがないのかもしれない。行動のみならず顔だって似ているところがあるし。動物の世界全体で見れば、ほとんど隣り合った仲間たち。どちらも大切な、この世の道連れだ。

そのどちらを撮っても絶品の写真家が岩合光昭さん。今回もすっかり猫目線で、イタリア各地の猫たちの生活を近くから遠くからばっちり捉えてくれた。人の都会、田園、遺跡の風景にだって猫はすんなり溶けこんで、その場の王様、女王様になっている。高貴さとおちゃめさを一身に兼ね備えて。世界文化遺産の観光地だって、いつのまにか猫の領土。あ、気がつけばこうして猫派にひきこまれていくというわけか。


岩合光昭『イタリアの猫』新潮社、二〇一二年

孤独な人生に光がさす小さな瞬間。ボウリングのピンは三角形に並べるけれどその数は三では割り切れない。このゲームはボールを離すタイミングにすべてがかかっている。はずれ者どうしの女子高校生三人のボウリング場でのエピソードから小説が始まる。主人公リンデは自分自身の番にはうまく投げられない。ところがスコアボードのいたずらでまぎれこんできた架空の四人目としてなら、驚くほどうまく行くのだ。うまく行く、だが、そのゲームは中断される。この巧妙な発想の導入部が主人公のその後の人生を予兆する。

リンデの人生の六日間がとりあげられる。十六歳、二十八歳、三十四歳、四十七歳、三歳、そして六十三歳。読んでびっくりするのは、この主人公が徹底的に魅力のない人物だということだ。それに輪をかけて驚くのは、それでも最後まで読んでしまうことだろうか。この奇矯な女性の、どんな結論にもたどりつかない人生の物語を。

こだわりの人だ、リンデは。自分の道を絶対にゆずらない。人間の個人的な基準がはっきり現れるのは言語と経済だが、いずれについても彼女は自分の判断で、ゆるぎなく進む。話が通じないことや、ちょっとした金銭感覚とか職業観のズレが彼女にとっては一大事で、齟齬やズレが表面化するたび、内心、深く傷つく。自分の心理も観察もすべて言語化せずには気がすまない人だが、その反面、世界観と呼べるほどのものがなく、孤立し、閉ざされている。

それでも誰かを待っていたのだ。自分がなりたい自分になるには「一緒にいたいと心から思える」相手が必要だと信じていた十六歳のころ以来。強烈に自己中心的でありながら、人生を変えるきっかけを他人に求めている。そんなリンデに心の成長はない。六十三歳になってもリンデはリンデ。だが何の輝きもない彼女の孤独が、最後の最後でふわりと明るくなる。挨拶すらしたこともない隣人の心の履歴を知った気分になる、不思議な傑作だ。

本谷有希子『自分を好きになる方法』講談社、二〇一三年（のち講談社文庫）

学にとりつかれた亡命ユダヤ人の肖像。人の生涯が文字によって書かれるとき、いったいどんな真実が残るのか。ある人物についてその知人A、B、Cが覚えているのはそれぞれ別のことで、個々の事件を彩る印象も人間関係により色合いを変える。伝わるのは限りなく歪んだ人物像。そんな証言をいくつ集めれば、真の姿に到達できるのか。

いや、真の姿などない、とはじめから諦めてしまうのもひとつの見識だ。不確かで偏見にみちた数々の情報。その人物がみずから社会に提示しようとした(当然作為を含む)肖像。彼が作家として残した作品にうかがえる思想や感受性のかたち。そうした雑多な細部の集積から立ち上がるのは、虹のようにはかない束の間の顔だ。すでに過去に属する作家の存在とは、そんな総合的な蜃気楼のようなものかもしれない。

二十世紀最重要のドイツ語作家のひとりだったエリアス・カネッティの浩瀚な伝記だ。好き嫌いは別として、その特異な存在は多くの人の注意を惹きつけてきた。分厚い眼鏡をかけた話好きな小柄な男。強烈な磁場に人を捉え、多くの人生を変えるほどの影響をおよぼした。博覧強記、ただしその学問は系統だったものではなく、むしろ反=学問と呼ぶにふさわしい。スパニオール語つまりイベリア半島系ユダヤ人共同体の言語を母語とし、現ブルガリアで生まれ、トルコ国籍をもっていた。マンチェスターやウィーンで育ち、ロンドンに亡命しドイツ語で書いた。墓はチューリヒ。ジェイムズ・ジョイスの隣に葬られている。

伝記というジャンルそのものの意味を問い直しつつ書かれる本書は、リチャード・エルマンによる有名なジョイス伝とおなじリーグに属するといっていい。興味深いエピソードの宝庫。坦々とした記述に強く引き込まれる。伝記が作品への入口となるのもいいだろう。二十世紀ヨーロッパを最大の振れ幅をもって生きた文人の生涯を展望できる。

スヴェン・ハヌシェク『エリアス・カネッティ伝記　上・下』北島玲子ほか訳、上智大学出版、二〇一三年

シルクロードの食に誘惑されて。最初に開いたとき「敦煌では酸っぱい味付けが好まれた」という一文が目に飛びこんできて興味を引かれた。中国人の友人たちが酢を多用するので、長い年月のうちにこっちもそれに染まり、水餃子も焼きビーフンも各種のスープも酢を用いずに食べることがなくなっていた。敦煌ではまた揚げ物も好まれたようで、酢の目的は油っこいものをさっぱりといただくことにあったのではないかと推察される。そんなかれらの食習慣のあれこれを現代日本人も共有している。おもしろいことだ。

敦煌といえばいわずと知れたユーラシア大陸の核心部、シルクロードのオアシス都市。交易の中心として、各地の物産が豊富に流れこんできた。ざっと千年前の当地における食文化を、文書や洞窟壁画などの研究を通して論じたのが本書。なんともゆたかな気分に誘われる。

たとえば「灌腸麺《かんちょうめん》」が敦煌の名物だった。羊一頭分の腸に麺三升を詰めたという。麺とは小麦粉、これを羊の脂と混ぜて腸詰めにし蒸したものなのだ。要はソーセージの原型か。他に「血腸」というものもあって、それは現代フランスならブーダンと呼ぶようなものだろう。

読めば想像力が刺激される。敦煌はウリの産地で「大きいものはきつねが中に入ってかぶりついていたとしても、頭もしっぽも外から見えない」そうだ。野生の駱駝がいてその肉はごちそうだった。酒胡子《しゅこし》という木彫の人形を転がし、停まったとき誰の方を向いているかによって順番に杯を重ねたり余興を披露したりした。博士とは当時は職人の呼び名で「旋碗博士《せんわんはかせ》」といえば木椀を加工する職人。

食をめぐる知識が文字の体験になるのも、われわれにとっての中国文化の魅力だ。見たことのない漢字によって表される食材や料理がたくさんある。山本孝子による訳文は端正で非常に読みやすく、装丁の美しさも主題にふさわしい。

高啓安『敦煌の飲食文化』山本孝子ほか訳、東方書店、二〇一三年

スペイン語文学が世界にもたらすもの。詩人が書いた小説、という言い方をすることがある。よくできた物語というよりはイメージの強さが際立ち、言葉そのものにひねりがあり、すんなりとは読ませない工夫がこらしてある。そんな作家はどの国にもいて昨年(二〇一二年)はたとえばキルメン・ウリベの作品がバスク語から邦訳され、詩人の小説のおもしろさを堪能させてくれた。本書はチリの新鋭による中篇小説二作を収録。大胆かつ新鮮なミニマルな文体が独自の情緒を生んでいる。

いずれも恋愛小説ではあるだろう。しかし恋愛小説とは、いったん恋愛が成就してしまえば後は家庭小説や社会小説になってゆくばかりなので、主眼はむしろ恋愛の挫折にある。本書の二篇も別れの物語であり、別離のあとの灰色の日々に突然訪れる特別な瞬間を捉えようとしているように思う。

「盆栽」は一種の芸術家小説で、エミリアとフリオという、プルーストを読む若い恋人たちのその後を追っている。おもしろい仕掛けはフリオの仕事。作家ガスムリの原稿の清書というアルバイトを手にしかかって失敗したフリオは、作家になり代わって作品を書きはじめるのだ。そのタイトルが「盆栽」。それでも小説家になることのできない彼は、ついで二枚の絵を描き、さらには実際に盆栽を作りはじめる。

この結末の数ページがすばらしい。紫色の大きな熊の夢、そしてまったく無用なタクシーでの彷徨。痛切な悲哀が、抑制の効いた場面に仕上げられる。読みながら先日見たばかりのイグナシオ・アグエロ監督のドキュメンタリー『サンティアゴの扉』を連想した。アンデスの冷たい雪解け水がゆたかに流れてくるマポチョ川と、しっとりした街の光を思い出した。

松本健二訳。世界文学の前線は一九七〇年代生まれの作家たちに移ろうとしている。スペイン語圏に関しては、この訳者についていけばまちがいがない。

アレハンドロ・サンブラ『盆栽／木々の私生活』松本健二訳、白水社、二〇一三年

中継せよ、と言語がいった。 場所を移すと見えてくることがある。世界を知るためには移動し、境界を越える必要がある。境界線の両側にはまったく異なった風景がひろがる。小さな場所に立って初めて見えてくることもある。だが得られた認識がその場かぎりのものになってはつまらない。認識を持続させ育てていくのは、意志だ。そんな意志がはっきり感じられる書物が誕生した。

エメ・セゼールやエドゥアール・グリッサンなど黒人系の途方もなく巨人な詩人・作家を生んできたカリブ海フランス語圏文学の社会的・歴史的文脈を、本書は地球大の視野と繊細な配慮をもって素描する。西欧による世界の「世界化」に大きく関与したこの地域を総合的に考えるための、よい足場を与えてくれる。

それは著者が、西欧による世界の他の地域の植民地化と、いまなおつづくその構造、それが

もたらした傷痕に、正面からとりくんでいるからだ。プロローグは二〇〇九年、グアドループでのゼネストに始まる。それをカリブ海の小さな島、フランスが維持する「海外県」だけの出来事と見なす姿勢からは何も生まれない。その小さな場所に、現代世界を構成するさまざまな歴史の糸が交錯することを見抜かなくてはならないのだ。

それこそ、錯綜する関係が奏でる「世界の響き」に耳を傾けることをやめなかったグリッサンの態度の継承でもある。本書では第四、五章で語られる二十世紀後半以後の政治・文化におけるさまざまな動きが、特に興味深かった。それがふたたび海外県ストライキの意義をもって結ばれるのも頷ける。この世界ではいたるところにリヤンナジ（クレオル語で中継）が生じうるのだから。

結びつき、中継、希望。かれらの島社会とわれわれの島社会は、じつは多くの問題を共有し、きわめて多様な連結の可能性がある。文学研究と地域研究を接合しつつ、この本自体が、そんな可能性の一端をなしている。

中村隆之『カリブ－世界論――植民地主義に抗う複数の場所と歴史』人文書院、二〇一三年

壁はいまもある、記憶の中に。一九六一年、彼女は他人の身分証明書を使って東ベルリンから西ベルリンへと脱出した。六二年、彼はガラスの破片が植えられた墓地の壁の上を歩くうちに兵士に射殺された。六五年、一家は顔を黒く塗り、夜陰に乗じて手製の空中ケーブルを使って西側に降り立つ。八七年、東の青年たちは壁のむこうから歌いかけてくるデヴィッド・ボウイに熱狂した。そして八九年十一月九日、少年は誕生日を家族や友人とともに西ベルリン・ツアーで祝った。開いたばかりの門を通って。

いま学生たちに「ベルリンの壁」の話をすると神話時代のような扱いを受ける。かれらが生まれる前の話、むりもないのかもしれない。だがぼくらが小学生だった六〇年代には、ソ連の崩壊も東西ドイツの統一も想像の彼方だった。

本書は分断時代のベルリンで起きた実話を二人の原作者が当事者に取材して制作した歴史漫画作品。ほのぼのとした絵が素材の重苦しさを救う。ドイツの代表的大都市を襲った悪夢のような事態を改めて記憶に刻むには最適の本だ。

ズザンネ・ブッデンベルク＋トーマス・ヘンゼラー『ベルリン 分断された都市』
エドガー・フランツ＋深見麻奈訳、彩流社、二〇一三年

宗教は世界をいかに造形してきたか。十一月（二〇一三年）のフィリピンの台風のあと被災地で撮影された一枚の写真に衝撃を受けた。十字架を担ぐ女性を中心に、幼児キリストの像その他をもった数人の人々が歩いている。破壊された教会から持ち出されたものなのか。その小さな行進の図は十七世紀スペインかオランダの宗教画のようで、胸をしめつける。傷ついた土地で行政が機能しないとき、帰ってくるのは宗教的感情。フィリピンの人々のカトリック信仰の強さを思った。

思い、また、考えこんだ。中途半端に世俗化され、どこか聖性を求めながらもそれに至る道を知らず、経済に代わる生活の原理をもたない自分のような心はいつ生まれたのか。たとえばカトリック教会が人の想像力をまるごと支配しているような社会＝時代には、人々は何を考えて生きていたのか。そんなときに本書を読み、問いはさらに広がった。

現代日本の代表的フランス文学者による渾身の書物だ。近現代フランス小説を背景として、きわめて大きな構図に正面からとりくんでいる。宗教と政治。社会と国家。そしてそれらのジャンルというかまとまりが成立するにあたって、「文学」はいかに関わってきたのか。歴史学や法学など関連分野を参照しつつ、著者はあくまでも文学研究者として、文学に内在する絡繰りを読み出してゆく。

絶えまない発見と連想の糸。極上の文学講義に酔ったような気分になる。その流れの中で、たとえばシャトーブリアンとナポレオンという怪物的な二人が並べて論じられるとき、ネーション（国民）形成と「文化」の利用法が、おぼろげにわかってくる。
フローベールやプルーストといった大作家たちを論ずる筆致の闊達さはいうまでもないが、現代のラッパー、アブダル・マリクの自伝にはじまりアルジェリア出身の女性作家アシア・ジェバールを論じて終わる本書の構成自体が、文学研究がいまいかなる局面にあるのかを物語っている。記念碑的な名著だ。

━……………工藤庸子『近代ヨーロッパ宗教文化論――姦通小説・ナポレオン法典・政教分離』東京大学出版会、二〇一三年

IV

四つの解説、対話ひとつ

近現代《モダン》からいかに出てゆくか？——ジャン＝フランソワ・リオタール

ジャン＝フランソワ・リオタール『こどもたちに語るポストモダン』管啓次郎訳、ちくま学芸文庫、一九九八年、解説

本書『こどもたちに語るポストモダン』はフランスの哲学者ジャン＝フランソワ・リオタールによる *Le postmoderne expliqué aux enfants* (1986) の全訳です。リオタールの著作中では、長篇評論『ポストモダンの条件』(一九七九年) への追補としての位置をしめるものともいえます。けれどもそれは論点の単なる焼き直しという意味では、まったくありません。「ポストモダンの哲学者リオタール」という通俗的イメージを定着させ、「ポストモダン」という用語を八〇年代初頭の流行語にした『ポストモダンの条件』につづいて、一九八三年に出版された『文の抗争』は——国家博士論文だった『ディスクール、フィギュール』(一九七一年) と並ぶ彼の哲学上の主著として——「抗争《ディフェラン》」という視点から「人はいかにして判断しうるか」というカント的問題を考えなおす、粘り強い作業の軌跡を提示しました。抗争とは、対立する双方の

側があまりに異なった言葉を話すために（それぞれの言語ゲームが共約不可能であるために）、両者の対立が「文」にされた途端に、それがどちらか一方にとって不当なものとなるという状況をさします。

本書は、『ポストモダンの条件』――これ自体は必ずしもリオタールにとって大きな仕事とはいえません――によって彼がまきこまれることになった「ポストモダン論争」を直接の背景としながら、現代、つまり後期資本主義世界におけるさまざまな抗争について、哲学者が手探りで考えてきたことを、後からきた者たちにむかって率直に語って聞かせるものとなっています。

それはいくつもの水準の問題を同時に扱い、どれにも決定的な回答を与えるわけではなく、それでもなお、ある「哲学の流れ」のありかをさししめしています。同時にまさに「書簡」というジャンルだけがふれうる、ある「現実性」の層――日常の「現実」からは一歩引きながらやはりたしかに人々によって集合的に生きられる「時代」と絡みあっている層――が、ここではたしかに息づいているように思われます。この点、これも非常に捉えがたい異形の「理論批判」の書物であり彼が多くの敵を作ることになったという『リビドー経済』（一九七四年）を議論の出発点としながら、気取りのないやりとりのうちにリオタール自身の独特な思考態度を露出させてゆく、若い哲学者ジャン＝ルー・テボーとのあいだにおこなわれた七日間の会話――

「会話」とは「手紙」とはまた異なった交渉の層を剝き出しにするものですが――の記録『はっきりいえば《オ・ジュスト》』（一九七九年）とも、平行ないしは延長の関係にあるものだといっていいでしょう。

ごらんのとおり本書には、一九八二年から一九八五年にかけて、リオタールがすごしたさまざまな都市から、さまざまな「こどもたち」――友人や同僚のこどもたちをはじめとする生物学的次世代の哲学者たち――にあてて送られた十通の手紙が収められています。いくつかの大学町を含む、これら発信地の名前を追うだけで、遍歴の哲学者リオタールの足跡の一端が、よくうかがえます。ミラノ、ロンドン、ボルティモア、ニューヨーク、パリ、ベルリン、ミルウォーキー、ローマ、プラハ、ナンテール。土地の具体的な刻印が――その描写が――手紙の文面に表れるわけではありませんが、こうした土地の名の鎖列が思考の反復と洗練の舞台となったことには、やはり小さくない意味があります。

なぜなら彼にとって哲学者とは、何よりも自分が所属しえない土地で、「メテク」（古代アテネの居留外国人にして雇われ教師）として生きる者だったからです。現代のフランスでは特にアラブ系の外国人をさして蔑称として使われることが多いこの単語をもって、「哲学」という骨の折れる生活の条件をしめす。それにはリオタールが若い哲学教師としてほぼ十年にわたって住み、その独立闘争にかかわってきたアルジェリアでの経験が、大きな影を落としていることは疑えません。

メテクとは、いいかえれば、小文字ではじまる「ユダヤ人」のことでもあります。キリスト教ヨーロッパの歴史にとって最大の内なる「異物」であり、ヨーロッパにとってはどのように処遇すればよいのかわからない相手だった（大文字ではじまる本来の）ユダヤ民族を、いわば範型とするかのように、黒人やアラブ人、あるいは芸術家や無政府主義者といった、不透明な外見をもち理解しがたい（つまりどのような規則にしたがって生きているのかがよくわからない）異人としての、さまざまな「ユダヤ的存在」がいる。もちろん「哲学者」も、そんな小文字の「ユダヤ人」のひとりなのです。そうした周縁的存在としての哲学者は、社会に広く公認された「知識人」と、鋭く対立します。

知識人とは、いわば規則を心得ている人です。社会に安定した地位を占め、すでに確立されたジャンルの内部で、ジャンルとジャンルのあいだのさまざまな抗争を忘却しつつ、ある代表的な立場をしめし、行動の方向を示唆し、言論による主導権を作りだすのが、啓蒙主義の時代以降の市民社会における、知識人のあり方です。これに対して哲学者は、規則を知らない。自分が何を語りうるかを知らない。ただ知識人（あるいは科学者）の言説の影で無化されてゆく（ないものとして扱われる）さまざまな抗争の所在をつきとめ、それを表面化させ、活性化し、それに対して本当には与ええない「文」を、イディオム（その場で編みだされ他には転用のきかないローカルな語法）として開発してゆくことをめざすのが、その仕事です（規則も参照モデルもないままに、そのつど「正しさ」の判断を探る態度を、リオタールは「異教の実践《パガニスム》」とも呼んでいます）。

いいかえれば、一社会の「大きな物語」（正当化の物語）の担い手としての知識人（知の保持者、科学者）に対して、「小さな物語」（みずからが断片にすぎないことを自覚し正当化・全体化をめざさない／めざしえない物語）群とそれぞれの小さな物語にむすびついた特異な名を忘却から救おうと試みる者が、哲学者だということです（もっとも現実的には、ひとりの人間があるときには哲学者、またあるときには知識人としてふるまうのは普通のことでしょう——ただし、自分自身に対するアイロニーを忘れずに）。そしてこの意味での哲学者とは、「芸術家」と大きく重なってきます。モダンの作家や芸術家（たとえば文学ならジョイス、美術ならデュシャン、音楽ならシェーンベルクといった二十世紀アヴァンギャルド芸術の巨人たち）は、哲学者として仕事をする、とリオタールはいいます。創造とは思考の実験、先行する創造に対する批判、未知のイディオムの探究にほかならない。哲学者としてのアーティストとアーティストとしての哲学者のそんな互換性が、リオタールの哲学に独特な魅力を与えていることは否定できないでしょう。

哲学者とアーティストは、いずれも「事件」を証言することをその使命としています。事件とは前例がないために「何が」起きているとはいえない何か、時空に区切りをもたらすある特異な出来事であり、それは安易に表現することもできず（表象化は必ずその影に広大な抑圧された領域を残します）、無力感とともに忘却のメカニズムにゆだねることもできない（それではただ哲学と芸術の可能性をあらかじめ放棄することにしかなりません）。哲学者＝アーティストがめざすのは、事件の「想起《アナムネーシス》」であり、「暗示《アリュージョン》」によって提示不可能なそれのありかをしめすことでした。

つまり事件とは、直接に言説化されたり作品化されたりすることはないものの、つねにそれを根底から支えるものであり、生々しいイメージをもって思いだされることはないものの、言説や作品が現実化するにあたっての作業の核とも動機とも足場ともなる何かなのです。そうした意味での事件には、およそあらゆる形式と水準と規模のものがありうるでしょう。事件はいたるところで、あらゆるときに、起こっているのかもしれない。その大部分は、ただ気づかれずに過ぎているだけなのかもしれません。

ただひとつだけ例をあげるなら、「アウシュビッツ」もやはりそうした事件だといえます。この未曾有の事件に関して真に恐ろしいのは、アウシュビッツと時空を共有した同時代の世界が、それを「日常」として受けとめていたという点です。しかも過ぎてしまえば、それはどれほど根強い実証的調査を試みても、完全には取り戻すことができない。それは表象化を、はるかに超えている。この表象化の不可能性と並んで、何者かの意図によって、その記憶を抑圧し忘却へと追いやろうとする、すさまじい力が働いている。それは事件を事件として受けとめない者たちによる、歴史の白紙化の力です。その力に抗して、哲学は、あるいは芸術は、「名誉」を賭けて、事件を想起しなくてはならない。「近代理性」のある論理が極限までゆきついたのがナチズムの蛮行だったとしたら、思考はその論理を総点検するという仕事を、みずからに課さなくてはならないでしょう。自分自身をも考察の対象に組み入れるということは、反省的思考（自己言及的思考としての近代理性）の約束だからです。

それは「アウシュビッツ」を、直接、芸術や思想によって表現せよということではありません。ただ事件としてのそれの呼びかけに答えて、自分の何らかの努力を組織してゆくということが、どうしても欠かせない。モダンの思考＝創造の宇宙では、題材があってその表現がある、原因があってその結果がある、といったかたちでは、物事はすすみません。そこで問われるのは、ある事件の「形象」からの波動を受けとめて、あくまでも自分自身の、これまでには他では見られたことも語られたこともなかった「手法《モードゥス》」を、イディオレクト（個人言語）として追求してゆくことです。

ある意味では、さまざまな分野における手法の差異の意識こそが、「モダン」の意識なのだともいえるでしょう。これは芸術における手法だけではなく、社会の運営の手法、身体の管理の手法、動植物の収奪の手法など、およそあらゆる領域についていえます。この意味でのモダンへの志向は、おそらく人類がヒトという種として成立して以来、つねに存在してきました。いわゆる時代区分としての「近代」は、手法の差異自体がその手法がもたらす結果以上に価値づけられ、その価値の（フィクショナルな）客観的指標として金銭による価格が与えられ、この資本化によりさらに差異の追求にドライヴがかかった段階なのです。

ところでいま、ぼくはモダンという単語を、時代区分としても、時代区分を超えた意識の姿勢をさすものとしても、使いました。「モダン／ポストモダン」という対立する二項の組が大きな誤解を招き、ポストモダンに非常に悪い評判を与えることになったのは——八〇年代半ばの日本では（ポストモダニズムを体現する思考があったとも思えないのに）それはほとんど蔑称でした——ひとつには用語のこの両義性《あいまいさ》のせいでした。それはあるときにははっきり時代区分をしめすものとして使われ、あるときには時代区分とは無関係に一種の存在の仕方をしめすものとして使われる。その混乱には、リオタール自身も責任がないとはいえません。

しかしポストモダンという用語にしかるべき力を与えるのは、まさにそれを「時代区分」および時代区分を超えた「存在のモード」をさすものとして、二重に使用することでもあります。そうすることで近代といういまなおつづく大きな時代が、どのような性格をもち、どのような土台の上に建てられ、どのような偏差を生み、どのような成果と悲劇を生んできたかを、よく点検しなくてはならない。その近代批判——歴史において現実化した「近代性」の批判——の意志のみが、「ポストモダンの思考」の、ミニマルな定義なのです。

まず一方に、ポストモダンを時代区分としては捉えず、あるダイナミックな動きの「癖」のようなもの——ないしは組織の様態——と見なす考え方がありました。ポストモダンとはモダンの後（ポスト）にくるものではない。それはモダンを否定し前近代（プレモダン）への帰還を説く反近代（アンチモダン）主義なのでもない。リオタール自身は、それはモダンの中にあってモダンの成立の根拠を問いなおしモダンの起源にある忘却を想起するものだ——ポストモダニズムとはつねに出生状態にあるモダニズムのことなのだ——と述べていました（あるいは非常におもしろい例として、どこかでアウグスティヌスの『神の国』はモダンで『告白』はポストモダンだといっていたこともあったと思います。前者は未来に達成されるべき「神の国」という企図が語りの全体を統合し正当化するものであり、後者は生涯のさまざまなエピソードがそれぞれの異質性を保ち合間ごとに偶然性をはらんだまま配列されているという意味でしょう）。

これに対して、ポストモダンを後期資本主義の文化の、ある種の特色をさすものとして捉えると、どうなるでしょうか。そのとき注意しておかなくてはならないのは、「世界」にはもちろんさまざまな時間が並行して流れ、さまざまな時代が共存するという点です。先進国世界のある階層にポストモダニズムと呼びうる文化が出現したからといって、それがべったりと一社会をおおいつくすわけではないし、先進国経済の影の仕事をまかされその繁栄を支えながら国内では貧困に苦しまなくてはならない開発途上国にとっては、それはまったく泡沫的な、苦々しくも空しい意匠の散乱のようにしか見えないでしょう（部分と全体をしょっちゅう取り違えることは、言語を使用するわれわれにとって最大の罠です）。

けれども「折衷主義」（混淆主義）と「快楽主義」を原理とし、金銭を正当化の最大の尺度とするポストモダニズムの文化が成立した時点を、ある程度の幅をもって「二十世紀後半」と確定し、それをポストモダンの時代と呼ぶことはできます。それはまた第二次世界大戦後のアジア・アフリカ諸国の独立、新たな経済的支配関係の成立、アメリカ的生活様式のイメージ（金銭があらゆる他の正当性を切り崩した後の純粋な消費社会のイメージ）の世界制覇の時代でもありました。ポストモダンの時代とは、ポスト植民地主義と新植民地主義の時代でもあり、「アメリカニズム」の時代でもあるのです。

ここでポストモダニズムの文化の端的な一例として、先進国諸国での「食」の文化を取り上げてみてもいいでしょう。八〇年代以降、別に日本だけではなくサッチャー政権下のイギリスやレーガン政権下のアメリカにおいても、一種のグルメ・ブームがありました。高級レストランでは伝統料理だけではなくいろいろな新作料理が出されるようになり、またそれまでは見たこともなかったような他文化の料理が「エスニック料理」の名の下に、日常的に食べられるようになる。ここにはすでに、さきほど述べたポストモダン文化の基本的性格が、すべて出そろっています。

——われわれの日々の食卓は、さまざまな伝統からの多彩な引用による折衷主義の風景を呈するようになった。

――しかしわれわれはある異邦の料理を消費するようになっても、その背後にある文化的・経済的物語には、多くの場合まったく無知なままにとどまる。

――新奇さを編みこみつつ多様性を追求することの快楽は、それ自体が文化的価値として肯定される。

――しかしその多様性がすべて「商品」として買われるものにすぎず、貨幣により背景を白紙化され（歴史を剝奪され）同一の平面に強引に並べられたものだという点には（したがってその入手可能性が資産と国際経済によりあらかじめきびしい選別を受けているという点には）、人は目をつぶる。

――同時に、いったん一定の資産が確保された階層では（先進国の中産階級では）、商品の選択に関して「個人の趣味」が表むきは絶対的基準となる（それは個人主義的自由主義の最終的勝利と見えるほどです――実際、その判断にたって「先進国」という閉域から自由主義経済の世界史的勝利を宣言する者は、「新保守主義者」との批判をまぬかれえないでしょう）。

――ところが「個人の趣味」という、共同化された正当化の基準になりえないものを正当化する必要が出てくれば、そこでは「価格」という尺度による「優劣」が（じつは優劣を論じえないものにまで）秘密のうちに援用される。

もちろん、こうした「食」の消費文化は、一例にすぎません。以上の状況は、生活文化の全ジャンルに及んでいます。生活の情景を構成するあらゆるものが、何でも好きなだけ、どれだけでも買える（お金があれば）。その選択権の行使は大衆化され、「広告」と「価格」の交渉によって決定される具体的選択が「個人の趣味」のような顔をして、どこでも通用する。消費行動が「自由」の保証となり、「差異化」による「自己実現」の幻想を、人に与える。これが完成された大衆消費社会の基本構造であり、それは「スーパーマーケット」という聖域の姿をとって、「アメリカ」からすべての先進国に飛び火してゆきました。

ポストモダンの思考——近代性の論理の点検——がとりくまなくてはならない対象はいくらでもありますが、こうした先進国ポストモダン消費経済の見せかけのゆたかさ——不要なアイテムのばかばかしいまでの多さ——による「南北問題」の隠蔽をあばくことは、その最大の仕事のひとつでしょう。けれどもその先にどんな「解決」がありうるのかということになると、ぼくにはまったく見当がつきません。「人権」や「国際協力」といった善意の地平の影にも、「経済発展」という名の世界市場への組み込みが待ち、ローカルな伝統文化、その生活の詩学は、ずたずたに崩壊させられ、土着の伝統を守ろうとする声は無意味なノスタルジアと嘲笑される。抗争の意識化を使命とするのがポストモダンの思考ならば、それは「国際経済」と「一国の社会生活」、一国内での「首都の決定」と「一地方の現実」、一地域内での「経済原理」と

「伝統的意志決定機関」、一家族内での「おとなのやり方」と「こどものやり方」、「男の考え方」と「女の考え方」、あるいはいまあげたすべての「一」という単位を成立させている何かとそれを崩す何かなどなどと、およそあらゆるところで、絶えず生まれては持続し、あるいは調停され見かけ上解消される、おびただしい抗争群に出会いつづけることになります。

抗争の所在をしめし、それを活性化することを、リオタールは「アゴニスティック」と呼びました（ここでは仮に「争論法」と訳しました）。それは一面では「ディアレクティック」（弁証法＝対話法）と対立するものです（一面ではそれを補完するものともいえますが）。ディアレクティックは、対等な対話の装いをもっているときでさえ、必ず一方の語法が設定した疑似的「普遍性」の地平の上で交渉がおこなわれる。そこでは、はじまりにあった抗争は、まるで「なかったかのように」扱われることになる。しかもその弁証法の進展による論理展開は、必ずそのつどの全面的拘束力を主張する。これに対してアゴニスティックは、平静ではなく騒擾を、問題解決ではなく問題提起をくりかえし、一見「通じている」ように思える言葉をお互いにわからなくさせ、見通しの明るさをすべて「不透明さ」へと送り返す。それはローカルでしかありえず、ごく限定された力しかもちえず、昨日のあやまちを明るみに出すことはしても今日の解決策や明日への指針をしめそうとはしません。しかし、それはすでにたしかに思考の仕事であり、「世界」を滞りなく流そうとする大きな推進力に対する抵抗であり、一本化＝普遍化されてゆく「時間」に対する偏差の導入であり、「決定」への誘惑を断ち切って「未決定性」の側につくことであり、「効率よく時間を稼ごう」とする者たちに対抗する効率の悪さの——いわば徹底的な「物分かりの悪さ」の——勧めなのです。

どのような積極的指針をもしめさないからといって、あるいはどのような普遍的世界をも相手にしないからといって、アゴニスティックの思考は、われわれの生きる世界そのものの途方もない広大さに目をつぶるわけではありません。それどころか、広大さのいたるところで、自分が遍歴の中で出会ったごく局地的な抗争を事件として表面化させるのは——理解の誘惑に耐え前線なき多様な戦いの必要な内面化を生きるのは——ほかならぬアゴニスティックの思考なのです（それは多様なジャンル——言語ゲーム——の群島を鳥瞰し、飛び石のように島々を伝い歩くことの必要を呼びかけます。また日々の暮らしにおいて多様なジャンルを切り換えながら溌剌と暮らすという、スタンダール的な「かろやかさ《スヴェルテス》」の必要を）。

「われわれ」とはあらゆる水準と規模で設定できるものですが、「大きな物語」にむすびついて行動を要請するすべての「われわれ」を拒絶した後にも、たしかにおなじ時代を、この逃れがたく唯一の世界で、ともに生きている人々の顔のない（あるいは人が路上で見かけるすべての人々の顔をした）「われわれ」は、あらかじめ「何」とはいえない何か——「出会い」のあとになってみてはじめてそうとわかる何か——を共有しつつ、あちこちに分散し、流浪しつつ、存在します。こういった思考がはじめて切り開く、ざわめく抗争の空間を、改めて「ポストモダンの空間」と定義しなおしてもいいでしょう。

その意味でのポストモダン空間は、折衷主義・快楽主義・消費主義のポストモダン社会の風景の影にぴったりとつきまとい、どのようなかたちでありうるのかが予めわかっているわけではないアド・ホックな「正しさ」の判断を求めて、浮上する機会をうかがっている。ただひとつ、認めなくてはならないのは、そんなアゴニスティックの空間には、もはや誰も無縁ではいられないということです。われわれの生きる世界そのものが、そんな批判的思考空間にむかって、泡立つような浮上を呼びかけている。ここで、われわれの現代を構成する——とぼくには思える——三つの「決まり文句《コモンプレイス》」、つまり「共通の場所」を提示して、二十世紀後半以降の現代という時代の性格の、ひとつの局面に注目しておくことにしましょう。

最初の「コモンプレイス」は、南イタリアはナポリに長らく住むイギリスの批評家、イアン・チェンバースからの一節です。

ナポリのような都市の形成は、その地中海経済、ヨーロッパ経済、ひいては世界経済における歴史的位置と、切り離すことができない。今日における、そのような「グローバル化」のもっとも明瞭な象徴は、都市とその周辺に暮らす移民労働力の増加だ。ナポリでは、家庭内労働力として雇われる移民女性の大部分は、カーボ・ヴェルデ、ソマリア、およびフィリピンからやってくる。これに対して、農業や路上での物売りとして雇われる移民の男性労働力は、おおむね西アフリカ出身だ。バスでアラビア語を耳にしたり、郵便局で故国にお金を送る人々のあいだにターバンやヴェールやソマリア出身の女性の綿のドレスの鮮やかなパターン模様を見かけたりすることは、この土地の座標を変換させることになる、都市の新たな特徴を認識することにほかならない。

（『移住、文化、アイデンティティ』）

ナポリでも、あるいはその他の「北」のどの都市でも、統合世界資本主義の結節点をなすすべての場所で、おなじような光景が日々見られることでしょう。この一節でもっとも衝撃的なのは、「カーボ・ヴェルデ、ソマリア、フィリピン」という地名の並列ぶりです。これらの国々からやってきた女性労働者には何の共通点もない。ソマリアがイタリアの植民地であったことを除けば、おそらくまったくの偶然によって、ナポリという港町を流浪と労働の場所として選んだ彼女らは、言語も、送金先の通貨も、生活習慣もまるで異なったまま、「外国人労働者」という同一の身分に、「経済」というジャンルによっていわば「均されて」、暮らしている。こうした「出身地」のちがいが、雑多な顔のモザイクとなった現代の都市の、第一の「コモンプレイス」です。

それでは、その裏面はどうでしょうか。インド出身の人類学者で小説家のアミタブ・ゴッシュは、エッセー「イマームとインド人」で、彼が調査したあるエジプトの村を、こんな風に紹介していました。

ナイル河三角州のこの静かな一角にはじめてやってきたとき、ぼくはこのもっとも古く落ちついた土地で、ゆったりと落ちついた物静かな人々と出会うものとばかり思いこんでいた。とんでもないまちがいだった。村の男たちは、空港の待合室にいる飛行機の乗客そのものの、気ぜわしく、落ち着きのない人々だったのだ。かれらの多くはペルシャ湾岸の首長国に出稼ぎに行ったことがあるし、リビアやヨルダンやシリアに行った者もいる。兵士としてイエメンに行った者もいれば、巡礼でサウジアラビアに行った者もいるし、ヨーロッパを訪れた者も何人かいる。かれらのうち、ある人々のパスポートは非常に分厚くなっていて、まるでインクに汚れたアコーディオンみたいに開くのだ。

(「グランタ」20号より)

まるで太古以来の悠久のリズムにしたがって生きているかのように見えるデルタ地帯の村が、実はすさまじい集合的移動の中継点なのだということの発見。チェンバースの例が「出身地」

の多様性をしめすものだとしたら、こちらの「コモンプレイス」には「目的地」の思いがけない多様性が、見事に表れています。いずれの場合も、移動の最大の動機は経済的なものでした。「経済」というジャンルの優越によって、居住空間やローカルな政治体制にどんどん孔がうがたれてゆく状況が、出発点と（かりそめの）到着点のいずれの側でも、はっきりと見えるのです。

現代におけるわれわれの住処は、それが都市であろうと田舎であろうと、非常に広大な地理的ひろがりからの、実にさまざまな線の集合体となっている。どんな路上に立とうと、そこですれちがう人たちの顔のひとつひとつが、途方もなく遠く広い不可視の地平を、たずさえている。移動が人類史上なかった規模で大衆化し、長距離化し、われわれはすべて「ホモ・モーヴェンス」（移動するヒト）となった。ところが移動と無根拠な（偶然の）交渉が顕在化したこの世界では、ひとつの大きな逆説が生じます。あくまでも「経済」を最大の動機として地表を動きまわりながら、われわれはそれまでにはおよそ考えられなかった異質な人々や生き方と出会い、葛藤と融和の両者を経験しつつ、何か根源的に新しい詩学（文化創造のダイナミクス）への糸口を見出すのです。予測可能性と効率の数字の支配を裏切り、あらゆる制御の意図を超えて、「経済」が作り上げようとする「システム」を土台から切り崩すような「文化」が、「事件」として発生する。さしあたっては、その新しい文化が良いものであるか悪いものであるかを、問う必要はないでしょう。それはともかくも集合的な生き方——未知の者や物事のかたわらで生きること――を探る実験であり、すでにすべての土地でいつ生まれてもおかしくはない「何ひとつ共有しない者たちの共同体」（アメリカのリトアニア系哲学者アルフォンソ・リンギスの表現）のための、抗争の活性化なのですから。

第三の「コモンプレイス」は、フランスの科学哲学者ミシェル・セールが語る、ある寓話です。彼の著書『第三教養人』に付された、奇妙な序文からとりました。

月にある自分の領地の検分から、道化＝皇帝が帰ってきました。人々は旅先のようすをたずねますが、皇帝は別にこっちと変わったことは何もなかったと答えます。みんなはがっかりしますが、中のある者が突然、こう叫びます。「どこに行こうが、すべてはここことおんなじだとおっしゃる。しかし、ご自分の姿をごらんなさい。ご自分のマントは、どこもかしこもおなじだというわけではないではありませんか」と。事実、皇帝のマントは、あちこちから寄せ集めてきた、千ものかたちと色をしたボロや端切れの継ぎ接ぎなのです。その場しのぎの継ぎ当てによって、遍歴の途上でのいろんな事故や偶然のはてに、たまたまいまあるような姿になった、パッチワークのマント。人々は「皇帝はご自分の旅行の道路地図を着ておられるのですかな」といって、大笑いします。いたたまれなくなって、この嘲笑から逃れるため、皇帝はマントを脱ぎ捨てます。ところがその継ぎ接ぎマントの下に、彼はそれとそっくりおなじようなパッチワークのマントを、もう一枚着ているのです。それを脱げば、また一枚。それを脱げば、また一枚。まるでタマネギの皮をむくように、いつまでもきりがない。見ている人々はさすがに愕然とし、ついでいたたまれなくなって、重い沈黙にしずみます。ようやく最後のコートが脱がれました。すると驚いたことに、現れた素肌には、それまでのコートそっくりの、継ぎ接ぎ模様の刺青がほどこされている。皇帝の裸体は両性具有の怪物のそれであり、出自のわからぬ混血児、半カースト、ユーラシア人、ハイブリッド、間の子、野良犬、メスティーソあるいはメスティーサなのです。

セールにとって、その皇帝の「素肌」は、彼が追求する領域を超えた科学的・哲学的な「混血の知」のメタファーでした。しかしそこから意味を拡張して、ホモ・モーヴェンスとなったわれわれの、これといった保証人をもたない「知」のボディも、やはりそのような混乱したパッチワークだと考えることができるでしょう。出発ととりあえずの帰還をくりかえす中で、移行の途上にのみ同一性を――変化してやまないということを組みこんだ同一性を――樹立するわれわれは、新たな仕草や習慣をみずからにおいて混在させ、通過するすべての土地によって色をぬられ輪郭を描きなおされて、モザイク模様の皮膚をあらゆる思いがけない他人にさらしながら、生きてゆくほかはない。「出発点」の多様性と「到達点」の多様性のあいだで、われわれは誰もが継ぎ接ぎだらけの、ハレクインの道化服をそのまま「素肌」として、同様に混乱した「顔」と「声」をもって、生きているのです。

以上の三つの「コモンプレイス」を、現代の「われわれ」の多くが、その国籍にも資産にも教養にもかかわりなく共有していることは、確実です。しかもそれは、ある本質的な部分で、すでに世界中にひろがった「スーパーマーケット」の聖域、つまりアメリカ型の大衆大量消費社会のあり方に、深くむすびついている。ある社会が「ポストモダン」であろうがなかろうが、そこに関わる人々の流浪ぶりは遍在する「アメリカ」との関係に経済的に規定されつつ、何らかの認識を、あるいは「傷」を、たくわえているのです。

けれども「アメリカ」にあるのは、過剰な大衆消費社会という否定的側面だけではなく、われわれはそこにある肯定的な伝統を見つけだすことができるという点も、忘れてはなりません。それはひとことでいえば、「旧世界」の種々の正統性を解体し（たとえば王権、貴族社会、独占された資産や教養など）、ゼロからはじめようとする意志の住処を人々に提供し、さまざまな抗争を活性化するものです。

イギリスの政治学者ジョン・キーンは、リオタールの抗争の哲学を、コンセンサス（ホモロギア）に対してパラロギア（異論理、コンセンサスを遅らせること、さまざまな言語ゲームの共約に抵抗すること）を主張するもの――いいかえればイデオロギーのそのつどの全面的決定に対抗して「未決定」を擁護するもの――と捉え、それを複数主義的な社会・政治的デモクラシーを推進する方向性を強くしめすものとして評価しています。興味深いのは、キーンがここでリオタールのために歴史的な補助線を引く先が、十九世紀前半のフランスの政治家・文人だったアレクシス・ド・トクヴィルの『アメリカのデモクラシーについて』が記す、次のような一節だということです。

アメリカの土を踏むと、きみはただちにある種の喧噪にひどく驚かされることになる。いたるところで混乱した叫びが聞こえ、千もの声が同時に、それぞれの社会的必要が満たされることを求めているのだ。きみの周囲では、すべてが動いている。こちらではある町の人々が、教会の建築を取り決めるための会合を開いている。あちらでは選挙がおこなわれている。もう少しゆくと、ある土地の代表団が、地元のあれこれの点を改善するにはどうすればいいかを相談しようと、都会にむかって急いでいる。さらに別のところでは、村の農夫たちが鋤をにぎる手を休めて、道路や学校を作る計画を協議している。市民たちは、政府のやり方を認めないと宣言するという、ただそれだけの目的のために、何度も集会をもつ。また別の集まりでは、市民たちは時の指導者を祖国の父と讃えてみたり、酔っぱらいこそ国家の諸悪の根源だと見なし禁酒をおごそかに宣言する協会を結成したりしている。

ヨーロッパ人の目に「アメリカ」は、あまりにも多様な声がいたるところであらゆる主張を叫ぶ、混乱をきわめる土地だと映ったことが、うかがえます。しかしそこは伝統的社会構造の抑圧をはねのけて、人が（基本的にはすべてゼロから出発した「移民」である人々が）いいたいことをいい、誰とでも話し合い、共同で新たな建設にとりくんだり、生活の原理の再点検を試みたりすることのできる国でもある。さまざまなレベルの政治があり、さまざまな言語ゲームがある。生活を律する言語ゲームに、「旧世界」とは比較にならないほどの多様性がある。つまりそれはどの土地にゆこうと抗争が活性化され表面化されて日々の情景をなしそのリズムを刻んでいる国であり、そこにトクヴィルは彼が思い描くかたちの「デモクラシー」の、ある実現——あるいは少なくともその投影された可能性——を見たのでした。

すべての正当性をことあるごとに見直し、種々の抗争による混乱を恐れないことは、たしかに今日でも、アメリカ社会の大きな特徴だといえるでしょう。世界の他の地域に大きな負荷をおわせて成り立っている大衆大量純粋消費社会としての「アメリカ」の影に、ある自由な社会形態の可能性をつねにさししめしてきた、錯綜した抗争的思考群としての「アメリカ」がある。『ポストモダンの条件』をケベック政府（カナダというもうひとつのアメリカの中の、ケベックというもうひとつのカナダ）の大学評議会のためのレポートとして書いたリオタールは、もちろん「アメリカ」が本質的にはらむそうした多様な抗争に、誰よりも自覚的だったにちがいありません。

『こどもたちに語るポストモダン』が本文庫に収録されることが決まったほんの数日後、そして今世紀最大の詩人のひとりだったオクタビオ・パスの逝去が大きく報道された翌日、リオタールがパリで亡くなったことを知りました。ぼくはリオタールに会ったことはなく――その気になればアーヴァインでもアトランタでも会うことができたのに――そのまだまだよく読めたとはいいがたい何冊かの著作を除けば、十年あまり前の、美しい筆跡で書かれたただ一通の手紙だけが、ぼくにとっての彼の「顔」として、無言の「声」として、残されることになりました。

もちろん、それでかまわないのです。文字により刻まれた言葉の、文と文のあいまごとに立ち止まり、ふりかえり、迷い、さまよいながら、ゆっくり、ゆっくり進んでゆく歩み以外には、「哲学者」の本質的なボディをなすものは、どこにもありません。その肉体的な生死は、まるで関係ない。さらには、その表面化する言葉の影にある形象、ある「核心」、ある「謎」、ある「事件」の痕跡にしても、結局、読者にとっては想像的なものでしかないでしょう。ただ、そんな手の届かない思考の母胎から浮上した言葉の波動に、どのように反応して、どのような「アメリカ」を批判し探究するかが、「ポストモダンの哲学者」にして「抗争の哲学者」であるリオタールに対する、ぼくら生物学的次世代の者（「こどもたち」）からの返礼となるでしょう。指針や解決策を提示することに慎重だったように思われるリオタールが、それでもふとぶっきらぼうに本書に書きつけた次の言葉が、つねに新しい探究にとりくむための、「アメリカ」という永遠に未到の建築の壁に残された呼びかけのように、いまは思われます。

全体性に対する戦争だ、提示しえないものをしめしてやろう、さまざまな抗争を活性化しよう、名前の名誉を救出しよう。

一九九八年六月二二日、シアトル

文字のやし酒に酔いながら

エイモス・チュツオーラ

エイモス・チュツオーラ『やし酒飲み』土屋哲訳、河出書房新社、二〇〇八年、解説

初めて読んだとき、目がまわるほどの傑作だと思った。そしてじつにおもしろい名訳だと思った。三十年ほど経って、いまもやっぱりそう思う（基本的には）。二十世紀中葉のナイジェリア、ヨルバランド（ヨルバ人の土地）から突然飛び出してきた、痛快なお化け話、爆笑の冒険譚だ。「二十世紀世界文学」という枠（もちろんこれ自体とても自明と見なすわけにはいかない仮の枠にすぎないが）で見るとき、この作品はいくつかの短めの小説の歴史的傑作と、おなじリーグに属しているといっていいだろう。たとえばフランツ・カフカの『変身』（一九一五年）や、マリオ・ジ・アンドラージの『マクナイマ』（一九二八年）や、ウィリアム・フォークナーの『死んでいる私のかたわらで』（『死の床に横たわりて』一九三〇年）や、アルベール・カミュの『よそもの』（『異邦人』一九四二年）や、フアン・ルルフォの『ペドロ・パラモ』（一九五五年）のような。文体も題材もさまざまでありながら、これらの傑作群はいずれもそれぞれにまぎれもない、そ

の作品以外のどこにもないストレンジな（奇妙な、異質の論理に立った）宇宙を提示している。共

通項をあえてあげるなら、どれもが「死」との関係からその比類ない力を汲み上げているとい

う点だろうか。

おなじリーグに属しているというのは、『やし酒飲み』がそうした作品たちとおなじくらい

の敬意をもって遇されて当然であり、それくらい身近に置かれティーンエイジャーにだって気

軽に手にとれるものになってほしいという意味だ（もっとも『マクナイマ』にはまだ日本語訳すら存

在しないけれど［その後、日本語訳が出版された］）。そして他のどんな作品にも負けず、『やし酒飲

み』はその奇怪な文体と設定で、読者を最初からぽかんとさせる。冒頭を日本語訳で見よう。

わたしは、十になった子供の頃から、やし酒飲みだった。わたしの生活は、やし酒を飲

むこと以外には何もすることのない毎日でした。当時は、タカラ貝だけが貨幣として通用

していたので、どんなものでも安く手に入り、おまけに父は町一番の大金持ちでした。

誰だって小学生のころ、一度は聞かされたはずだ。「である、だった」の文体と「です、で

した」の文体をまぜこぜにしてはいけないと。しかし土屋訳は、そんな文章の行儀作法を平然

と無視して進む。さらにつづけてみる。

父は、八人の子をもち、わたしは総領息子だった。他の兄弟は皆働き者だったが、わたしだけは大のやし酒飲みで、夜となく昼となくやし酒を飲んでいたので、なま水はのどを通らぬようになってしまっていた。
父は、わたしにやし酒を飲むことだけしか能のないのに気がついて、わたしのため専属のやし酒造りの名人を雇ってくれた。彼の仕事は、わたしのため毎日やし酒を造ってくれることであった。

そもそも「やし酒」って何だろうと訝り（どうもヨルバ人にとってやし酒とコーラの実は祖先へのお供えとして欠かせないものらしい）、タカラ貝がお金として使われた時代に思いをはせ、このだらしのない酒飲み小僧のために甘やかしの父親が「専属のやし酒造り」を雇うことに呆れ、ついでたちまちのうちに、そんな驚きは津波を前にしたスプーン一杯の水でしかないことを、読者はいやというほど思い知らされることになる。何しろこの世界では、人と神と幽霊や妖怪のあいだに区別がない。生者と死者のあいだにも区別がない。かたちや運動を支配する法則が通用しない。因果関係もテキトーだ。事件につぐ事件につぐ事件がひっきりなしに起こり、白と黒だけでできているページに、バチバチとカラフルな光が飛ぶ。ついたとえたくなるのはわれらが水木しげる先生のマンガだが、文字という抽象度の高い存在だけで作られているこちらのほうが、読者の想像力にとっては自由度も高い。頭が、野放しになる。それで目を丸くし、口をあんぐりと開け、獣も驚くような笑い声をときどき立てながら、読み進めることになる。

一九七〇年代末、大学に入ったころに初めてこの作品を手にしたときのそんな頭がクラクラするような感覚は、別にぼくひとりの特殊な経験ではなく、多くの人が感じたことだったようだ。たとえばぼくと同世代の作家・多和田葉子は、こんなそれ自体ふしぎな感想を書いていたことがある。「記憶に残る翻訳作品とその理由」という質問に対する回答。

土屋哲さんの訳されたエイモス・チュツオーラの『やし酒飲み』（晶文社）を読んだ時、原文も見ていないのに、なぜかこのナイジェリアの作家の書いた英語の不思議さが伝わってきて、自分もそのような言語を書いてみたいものだと思った。

（岩波新書『翻訳家の仕事』巻末アンケートより）

これを聞くとすぐに、いったいその作品の原文はどんなものなのか、そしてこの日本語訳はそれをどう提示しているのか、知りたくなる。さらには、翻訳を通して想像する原文の異様さがもたらす印象にはどんな意味があるのかという、いっそう根源的な問いが生まれてくる。翻訳が翻訳であることをつねに意識しながら読むときの、強烈な違和感がもたらす文学的効果、とでもいうか。それはじっくり考えてみるに値する問いだが、まずはこの作品と作者の背景をちょっと見ておこう。

本書はしばしば、アフリカ人による英語文学の初期を代表する傑作、といった呼び方をされてきた。出版されたのは一九五二年、ロンドンのフェイバー&フェイバー社から。その時期の同社では詩人のT・S・エリオットがまだ重役として出版企画決定に関わっていたと思われるし、出版されるとただちに当時の英語詩の代表的人気詩人だったウェールズ出身のディラン・トマスが激賞し、またフランスにおける前衛文学の第一人者であったレイモン・クノーがすぐさまフランス語に訳した(ガリマール社、一九五三年出版。ちなみにクノーのもっとも有名な小説作品である『地下鉄のザジ』は一九五九年刊行。それがいわばパリの「密林化」の試みだったと考えてみるのもおもしろい)。ディラン・トマス、クノー。これだけでも、ぼくから見れば、考えられないほどの栄光だ。こうして「文学」がチュツオーラを迎えた。ではそのまるで無名の作者は、どういう人だったのか。

経歴の詳細については、年譜を見てください。誰もが驚いたのは、通算でたったの六年ほどしか学校教育を受けていないこの一九二〇年生まれの人物が、突如として、まるで退屈しのぎのように、この風変わりな傑作を書いてしまったことだった。おなじポストコロニアル（旧植民地出身）の英語作家といっても正統派の英語を駆使する教養人のV・S・ナイポール（カリブ海のトリニダード出身）は一九五八年の段階でこういっている。「チュツオーラの英語は西アフリカの小学生の英語、不完全に習得された第二言語でしかない」と。だがそれが貶し言葉になるか誉め言葉になるかは、まったく受け取る側の心の構えによる。ディラン・トマスはチュツオーラの「若い英語」を讃え、その文章が「ほとんどつねにぶっきらぼうで直接的、強く、皮肉で、平坦で、味わい深い」といった。文学言語の秘密は、見かけ上の「上等さ」とは関わりがない。

有名なレゲエ小説『ザ・ハーダー・ゼイ・カム』の作者マイケル・セルウェル（一九三九年ジャマイカ生まれ）が『やし酒飲み』のために一九八四年に書いた序文によると、チュツオーラの父オデグバミは「オダフィン」つまり王の地区別代理人だったらしい。その仇名がチュツオーラ（やさしい人）で、エイモスはこれを自分の姓として採用した。オデグバミとは「オグン（火と鉄の神）の子」という意味であり、チュツオーラが生まれた町の名アベオクタとは「岩の下」という意味で、近くの丘の花崗岩の奇観に由来し、そこはまたかつて奴隷狩りに際して人々が逃げこみ身を隠した場所でもあった。オデグバミがオダフィンを務めていたのは二十世紀初頭。エイモスが誕生時に祖父につけてもらった名はオラトゥブスン（「富が増大する」）で、このときすでに両親はキリスト教徒だったとはいえ、ヨルバの伝統的な祭祀は日常に強く残り、少年エイモスは木曜日にはババラウォ（聖なる太鼓叩き）の太鼓と朗誦とともに目覚めるのがつねだったそうだ（そして日曜日にはキリスト教の教会に行った）。この文化的移行期に育った少年には、オグン、シャンゴ（稲妻の神さま）、オヤ（風や嵐の女神）、オシュン（川と美の女神）、オバタラ（創造神）といったヨルバのオリシャ（神々）が、まだまだリアルに身近な存在だったわけだ。そしてそんな世代は、かれらが最後だった。こうしてエイモスがオラトゥブスンとして生まれた時期のヨルバ社会の歴史的な位置は、念頭に置いておいたほうがいいかもしれない。それは植民地支配の完成期、伝統の断絶期にあたった。

そして二十世紀中葉。『やし酒飲み』は何のまえぶれもなく、異形の作品として姿を現した。本格的な教育を受けていない男が、自己流と思われる英語（言葉に関してそんなことがありうるとして）で、丹念な手書きの美しい筆跡で、ほんの数日で書き上げたとされる作品だ。そのただならぬ気配を知るためには、やはり一度はわずかにでも原文を見ておいたほうがいい。さきほど日本語訳をあげた冒頭部分を転写してみる。

I was a palm-wine drinkard since I was a boy of ten years of age. I had no other work more than to drink palm-wine in my life. In those days we did not know other money, except COWRIES, so that everything was very cheap, and my father was the richest man in our town.

正式なタイトルは *The Palm-Wine Drinkard and His Dead Palm-Wine Tapster in the Dead's Town*。すぐに気づくのはdrinkardという、普通の英語では存在しない単語だ。Drinker（飲む人）とdrunkard（大酒飲み、貶して）を足して二で割ったようなこの単語。おもしろいことに草稿では第一行目にあるこの単語が線で消されてありきたりなdrinkerに改められ、さらにそれが消されてふたたびdrinkardに戻されている。よほど愛着があった単語なのだろう。COWRIESがすべて大文字のブロック体で書かれているのは、草稿通り。別種の貨幣＝経済体制を強調したかったのか。そして普通ならother thanというところをmore thanと書きあらわしているのも目につく。とはいえそれは完全に理解可能で、これを「まちがった英語」と考えるのはいかにも心が狭い。むしろ何かわくわくさせられる新たな表現世界のはじまりと受け取ったほうがずっといいし、現実に、多くの人々がそういうものとしてこの作品を愛読した（ちなみにレイモン・クノーのフランス語訳はこのdrinkardを避けて「わたしは十歳のときから酔っぱらっていた」とするやや平板な解決策をとっている）。そして土屋訳は、この奇妙さをなんとか日本語に移植しようとして試みられた、果敢な実験の成果だった。

もっともチュツオーラの英語がほんとに「個人英語」なのかというと、たぶんそうではない。

むしろそれはヨルバ英語（ヨルバ語からの直訳の影響を受けた英語）なのだろう。世界各地の現地英語を、標準英語は「ピジン英語」と呼んでバカにしてきて、ヨルバ英語もその一例だが、言語学的にはこれは「ピジン」ではなく「クレオル英語」だといわなくてはならない。つまり、一世代ごとの発明ではなく、世代を超えて安定しつづいているという意味。そしてじつは「大英帝国の遺産」としてのこうしたローカル英語の多様性そのものが、現代英語という巨大な言語の、一筋縄ではいかない広さと厚みを作り出しているのだ。

言語そのもののレベルで見て奇妙なこの作品は、その言語が語る物語内容においてはいっそう、荒唐無稽な奔放さを帯びている。変幻自在な存在とかご都合しだいの飛行とか異常な食欲とか大笑いとか嘘やだましや策略とか奇怪なしきたりや不可解な問答とか太陽とか雨とか森とか、妙に興味を引かれる細部が、ほとんど全ページにある。恐怖があり、驚きがあり、その裏面として時々はさみこまれるホッとした感じが、笑顔とともに、さらに先に行こうという励ましを与えてくれる。冒険の途中で「死を売り」渡したり「恐怖を貸与」したりすることで「死について心を煩わすこともなく、恐怖心を抱くことも」なくなるというような奇想は誰にとっても勇気の源泉となるが、特に意味深く思えるのは「あべこべの論理」が描かれる場合だ。たとえば「不帰《かえらじ》の天の町」で出会う、見たこともない生物たちの話。何かにつけて「人間の逆張りを行く」奇妙なあべこべ人の生活は、たとえばアメリカ先住民のトリックスターがわざとやる現実の転倒そのままだし、人類学者にたずねるならヨーロッパやアジアにもそんな例はいくらでも見られるのではないかと思う。あべこべは笑いを誘う確実な方法のひとつで、たぶん人間社会では普遍的に通用する。ヒトとカミが反転し、ヒトと別種のヒトが互いの陰画となり、笑いと恐怖を同時に引き起こし、自分がいま生きる（ことを強いられている）「現実」を想像力の中で相対化する。それは「民話」の一般的な知恵であり、こんな逆転の論理は巧妙に姿を変えながら民話という集合的制作物の全体に浸透し、究極的には人々の死に対する恐怖心の克服に役立っている。そしてこんな民話の知恵を、チュツオーラはこの作品で自由に使っているように思える。

ところで『やし酒飲み』を「小説」として読むとき、それが他の文学作品とどんな位置関係にあるのかは、いやでも意識に上ってくる疑問だろう。すぐ連想されるのは、「魔術的リアリズム」の作品群だ。マジック・リアリズム（あるいはマジカル・リアリズム）という言葉は一九六〇年代のラテン・アメリカ文学のブーム以後、世界各地のいろいろな作品を形容するために使われるようになった。たとえばガブリエル・ガルシア＝マルケスの『百年の孤独』（一九六七年）について、あるいはサルマン・ラシュディの『真夜中の子供たち』（一九八〇年）について。小説というジャンルが使う言語は、基本的にはリアリズム、つまりわれわれが日ごろ「現実」と呼ぶものを描写する、実在の物事との対応関係を保つという姿勢に立っている。ところがいわゆる魔術的リアリズムの小説では、日常的な「現実」とおなじ時空感覚や物理法則にしたがう世界の中で、突発的に「ありえないこと、起こりえない現象」が生じ、それが継ぎ目無く、おなじタイプの言語によって描写されてゆくのだ。たとえば空中への浮遊。死者のよみがえり。時間の後戻り。テレパシー。例はいくらでもある。小説とはもともと嘘にみちみちているものだが、その嘘がちょっとだけ別の平面に移行し、しかもその移行自体については、何の合図もない。ページは連続している。その連続性の中で、ありえないことの世界に連れてゆかれるというわけだ。

しかし『やし酒飲み』の場合、物語はそれよりはるかにあからさまに、「現実」から離陸してゆく。それは最初から「ほら話」であり、「騙り」であり、突拍子もないことをみんなで聴いてわくわくしたり大笑いしたりする「民話」の世界に属しているように思える。英語という記述言語を使って、まるで「小説」を真似るようなかたちでさしだされてはいても、それが直接つながっているのは集団の楽しみの機会としての「おはなし」であり、誰が最初に考えたか言い出したかなどは問題にならない物語群が、「語り手」の一回ごとのパフォーマンスによって少しずつ変化し、また伝えられてゆくというかたちでの「伝統」だ。そしてそんな物語の宇宙を支配するのは、どうやら「ジュジュ」の論理らしいということも、読み進めるうちにわかってくる。

それではジュジュとは何？　それは西アフリカ、より特定的にはナイジェリア西部のヨルバの人々が使う言葉で

（1）霊的な不思議な力のこと

（2）そんな力を帯びている物のこと

（3）民話に現れる（語られる存在としての）精霊・幽霊・おばけのこと

をさすらしい。呪物一般についてはポルトガル語由来の「フェティッシュ」という呼び方が人類学では広く使われているが、ジュジュも要するにフェティッシュ。特別な力をもつと信じられる物であり、猿の手やねずみの干物など生物由来のものから金属製の機器まで、およそあらゆる物がジュジュになりうる。ただしそれを作るのは呪医。『やし酒飲み』で「ジュジュマン」と呼ばれるのがそれだろう。呪術としてのジュジュには良いもの（たとえば心身の病気を治す）も悪いもの（復讐したり相手に不幸をもたらす）もある。余談だが、レゲエの創始者であるボブ・マーリーが亡くなったあと一九八〇年代に、キング・サニー・アデをはじめとするナイジェリアのポップスが「ジュジュ・ミュージック」の名で宣伝され「ワールド・ミュージッ

ク」の目玉商品のひとつになったことは、覚えている人も多いにちがいない。あるいは余談ではなく、チュツオーラの作品群を「ジュジュ文学」と呼んでもいい。民話がもっていたジュジュ的要素を文字に定着させたところに、この作品の成功も、危うい部分も潜んでいるからだ。『やし酒飲み』は、冒頭で死んでしまった専属のやし酒造りを、主人公が探しにゆく話として展開する。「ある晴れた朝、わたしのもって生れたジュジュ juju と、それに父のジュジュまでも、全部身にまとい、わたしは、死んだやし酒造りの居所を探しに、住みなれた父の町を旅立った。」旅先である老人に出会うとその人は「実は人間ではなく神様」なのだが、「わたし自身も神でありジュジュマン juju-man だったので」別に恐れることもなく堂々とその相手をすることができる。「わたし」はジュジュを使って鳥に変身することができるし、逆に「町の人々」がジュジュを使えばあっさりと追い払われることもある。自分が自分を「まじない」にかけて火に変身し不気味な「白い生物」を焼き殺すこともできるし、「うってつけの木の葉」があれば「危険な生物」に出会ったときのために「わたしたちを救ってくれるジュジュを、四種類ばかり準備する」こともできる。これもまた全地球的な伝統ではないかと思うのだが、こうした呪術の力は薬草の知識と密接に関わっていて、また薬草の知識はヒトがヒトとなる以前の何か別のケモノだった時代からずっと受け継がれてきたものにちがいないことは、身近な犬や猫が草を求めるようすからも類推される。こんなエスノボタニー（民族植物学）的知識は、現代薬学における新薬開発にも広く利用されているが（狩猟採集の文化伝統に対する「温故知新」か）、自然から直接その無尽蔵の力を得るための秘密をにぎる存在（ジュジュマン）がどれほどの畏怖の対象であったかは、これも文化のちがいを超えて、想像にかたくない。

そして、くりかえしになるけれど、この畏怖と恐怖は表裏一体をなす。また、この力への「畏れ」と「怖れ」の対は、「笑い」と表裏一体をなす。この二重の関係が、共有され語られる「民話」に力をもたらす。さらに語られる「民話」は、書かれる「小説」と、表裏一体をなす。ざっとこんな複雑な対関係を土台にもつのが、『やし酒飲み』の世界なのだった。

ここで別の補助線を引いてみる。南アフリカ出身で最近になってオーストラリアに移民した作家J・M・クッツェーが、オーストラリア人の有名女性作家を主人公にするという設定で書いた小説が『エリザベス・コステロ』だ。奇妙な構成の作品で、個別に発表された講演がもとになっているらしく、各章ごとにいろんな議論が重ねられながら、主人公が土地を動いてゆく。ところがその第二章は「アフリカにおける小説」と題されていて、チュツオーラ以後のアフリカ文学がぶつかった問題が俎上に乗せられる。先ほどいった「民話」と「小説」をめぐる問いにも、大きくからんでくる話だ。そしてここには、アフリカが生み出すものを受け取るわれわれが一度は考えざるをえないことが、いくつもある。

主人公エリザベスは、ニュージーランドから南氷洋クルーズに出かける豪華客船の船上セミナーの講師になる。このクルーズは一種のエコ・ツアーなので、文学はただのお飾り。高名な作家である彼女が何度も話してきたことを、四十名ばかりの船客たちが神妙に聞いている。文学関係で雇われているもうひとりの講師が、旧知のアフリカ作家エマニュエル・エグドゥ。章の中心にあるのは、このエグドゥが述べる「アフリカにおける小説」をめぐる意見に対してエリザベスが覚える反発だ。裕福な白人観光客たちばかりの船で、ただひとりのアフリカ黒人であるエグドゥは、見事に期待された役割を演じる。鮮やかな緑色のダシキ（西アフリカのシャツ）、おしゃれなイタリア製の靴。よく通る声で、白人たちにとっていつまでもエグゾティックな魅惑の対象である「アフリカ」において、「文学」が置かれた位置を語ってみせる。

アフリカにはもともと文字がなかった。読書とは孤独で奇妙な習慣に見える。実利実用にむすびつかない読書は、多くのアフリカ人はしない。自分のようなアフリカの「作家」というのは、結局は欧米の文化産業の一部である。それでも、フランス語や英語といったヨーロッパ言語で書いたとしても、まぎれもなく「アフリカ的なもの」は作品に残る。アフリカの伝統の力とは、口承性の力。もともと「小説」とは非常に自由な、なんでもありのジャンルだった。真のアフリカ小説とは、口承的な小説である。十七世紀以来、地球全体に広がったヨーロッパ文化は、文学は、声を抑圧してきた。書字による抑圧からの解放を考えるとき、アフリカにこそ希望がある。ざっとこういったことをエグドゥは雄弁に述べ、エリザベスはエグドゥの使う「われわれアフリカ人」的な言い方、ネグリチュード（黒人であること）の本質化、「口承性」をやたらに持ち上げることといったお決まりの論法を、半ばいらいらしながら聞いている。

エグドゥの話が終わったところで、聴衆が質問をする。チュツオーラはどうなんですか。彼がナイジェリアでは批判されているというのは本当ですか。彼はあなたがいう「口承的な小説家」にあてはまりますか。これに対するエグドゥの答えは、大略次のようなものだ。彼は小学校しか出てなくて、書いている英語が標準英語ではないんですよ。他所の人にはほとんどわからないような言葉だ。それをイギリスの編集者たちがいじり、誤りを正した。ところが、編集者たちの目から見てこれこそナイジェリアと思えるもの、かれら白人の耳に絵柄としておもしろくエグゾティックで民話的に響く部分は、わざと残した。もちろんチュツオーラは才能のある語り手で、私がいう「口承的な作家」です。彼はしゃべる通りに書いた。で、それが西欧世界には「エグゾティックなアフリカ」そのものとして捉えられたというわけです。

それからエグドゥは、現代ナイジェリア作家の中ではベン・オクリ（一九五九年生まれ）を読むことを、聴衆に勧める。オクリもまたたしかにチュツオーラの後継者ではある。けれどもオクリの場合、「他人のためにアフリカ人を演じる」という矛盾した姿勢が、ずっと複雑さの度合いを高めている、とエグドゥはいう（すでに『満たされぬ道』と『見えざる神々の島』が日本語に訳されているオクリは、現在のわれわれの目には魔術的リアリズムのカテゴリーに属するように見える、それだけ「文学」的な作家だ）。こうした議論は、講演のあとの食事の席でも別のかたちでつづく。同席した船客から、印刷された文字の本という発表形態はあなたに向いてないのではないか、声を録音したほうがいいのではないかと示唆され、エグドゥはそれはいい考えだがアフリカ人にはじっと黙って機械から流れてくる音声を聴くことなんて耐えられない、アフリカ人に必要なのは「生きた声」だと答える。これでエリザベスはすっかり頭に来てしまい、ついにこう口を出すのだ。あなたがいうのは別に声だけの問題ではない、あなたが求めているのは生のパフォーマンスでしょう。しかし小説とは、はじめからパフォーマンスの側面に頼らないことをもって、その特質としてきた。アフリカ小説の本当の問題はエグゾティシズムとそれが欧米世界に対してもつ誘惑効果であり、アフリカの読者が育っていないという点にある（イギリス小説も、ロシア小説も、イギリスやロシアにおけるいわば「国民の創成」に関わってきたことを、エリザベスはよく意識している）。アフリカ作家たちの読者は外国人であり、作家たちはいつも自分の肩越しにそんな読者をふりかえり、気にしている。こうしてアフリカにおいて、作家はアフリカを外部にむかって解釈し説明する、一種の通訳になってしまう。

なるほど。小説という一種の制度、印刷され安価な本として流通し、基本的には孤独に黙読されるという形態、その形態がもつ限界と逆説的な自由をきちんと意識しているのは、たしかにエリザベスのほうだ。エグドゥの姿は、外来のものとして採用された「文学」の運営形態、印刷本を作り、講演し、自己解釈し、講義するといった「産業」の、けれどもどうにも逃れようのない泥沼の中でもがいているもののように見えてくる。エリザベスの冷厳な視線を、われわれ読者が内面化することによって。そしてこの位置から改めてチュツオーラをふりかえってみると、文字で物語を書くという無根拠な衝動にとりつかれた男が、自分のまわりにあるあらゆる資源を動員して、話され語られ「熱い」パフォーマンスとして体験されていた「話」を、むりやりに書字の、いわば「冷めた」状態へともちこみ定着させようとした、孤独な姿が見えてくるのだ。

ここまでくると、ぼくは実際よくわからなくなる。書き手の立場からすれば、小説とは誰がどんな題材で、どんな文化資源を使って、どんなスタイルで書いてもいいものだと思う。読み手の立場からすれば、おもしろければ何でもＯＫという姿勢で、別に問題はないだろう。そしてエリザベス自身が彼女の船内レクチャーでいう、小説とは「人の運命を一例ずつ理解しようとする試み」であり、「過去の辻褄を合わせよう」とする練習問題であり、「人物や状況が現在を構成することにいかに関わってきたか」を探求しようとするものだという考え方には異論はないし、こうした思考実験としての小説が、ひとりの人間が「世界」という元来捉えようのないものを想像的に把握するにあたって他にはありえないほど役に立つものだとは、たしかに思う。

だがその一方で、はたして『やし酒飲み』のような作品が小説として書かれ、欧米（や日本）で読まれ、娯楽を提供し、それで何がどうなったのか。ただ風変わりな（エグゾティック）作品が国際文化市場に登場し一定の成功を収めたというだけのことではないのか、といった意見が出てくれば、ぼくには「そうではない」とはいえない。なぜならそれは、小説として書かれ読まれなくてもよかった。それとも「それは小説として書かれるべきではなかった」という言い方自体、「アフリカは植民地化されるべきではなかった」という程度の、それ自体としては完全に正しいものの現実にはただの退行的夢想でしかない、ありえないノスタルジアに立った空論にすぎないのだろうか。

そもそも「アフリカ」はひとつではない。だが、あるレベルでは、「アフリカ」はたしかにひとつだ。「アフリカ」にとって、西欧型の「文学」を生み出す必要はない。だが「アフリカ」が「文学」を書いたとき、それを読んだ者の中から、それまでありえなかったかたちで「アフリカ」との関わりを探ろうとするようになる者も出てくることまでは否定できない。そしてそんな「文による接続」はそれ自体として歓迎すべきことだろう、とぼくは思う（いまのところ）。それはわれわれの頭を飛び越えてかけめぐる貨幣と情報と力の接続に対して、ささやかな抵抗の線を準備する。チュツオーラのその他の作品が『やし酒飲み』の水準に達していないというのは、たぶん本当で、それもまた彼がいわゆる「小説家」として内的な論理の実験とその乗り越えにより作品を書き継いでゆくという方向を取らなかったことをしめしているのかもしれない。彼は結局のところ、民話をアレンジして書字物語に仕立ててゆくという作業をくりかえしただけだったようにも思う。それが「まちがっている」というつもりは、まったくないが。そしてそんな書かれ方をした作品ならではというべきか、『やし酒飲み』はエピソードを分離して読むという読み方を許し、特に末尾にコーダのように付け加えられている飢饉と卵の話は、妙に魅力的だ。そのおもしろさは、読んだ人にはわかる。もしも時間がないという理由でこの作品を読まずにいるおともだちがいるなら、「やし酒造りの物語りは、これでおしまいです」（同書524ページ）の後の数ページを、ぜひ読んでみるように勧めてあげてください。

そして最後に。『やし酒飲み』にはじまり、『ブッシュ・オブ・ゴースツ』にせよ『薬草まじない』にせよ、チュツオーラのすべての作品において、その力の焦点となる場所はブッシュ、つまり森だった。ヨルバ語のigboがそれにあたる。森は恐怖と驚異の源泉だった。チュツオーラがブッシュの力をくりかえし語り=書きつづけたのは、まさに植民地支配の進展と文化変容にともなう「ブッシュの破壊」というトラウマに対する反応だったという意見は、述べられてもきたし、当たっているとも思う。それは西アフリカだけの問題ではなく、地球上のあちこちに呼応する地域をもつ問題だ。もちろん、日本列島にも。書字という迂回を経由してのことであれ、森に対する知識や感覚を取り戻す努力は、たぶん全球化を強いられた現代世界にとって、生存を左右する重大事となるだろう。チュツオーラ的想像力が先頭に立ってわれわれの多くが旅をはじめるべきときが、改めてやってきたような気がする。

パルテノジェネシスから言語的ジェネシスへ……古川日出男

古川日出男『ゴッドスター』新潮文庫、二〇一〇年、解説

ひきかえせとまずいいたい。お願いだからひきかえしてください最初のページへ。文庫本解説の慣例にしたがって巻末に置かれるはずのこの短文を作品を読むまえに読むのは絶対にやめてくれ。それはきみの体験に何もつけ加えないし何の理解にも役立たない。入口にむかう時がどんどん遅れるばかり。きみがこの小説を通過し終えたとき初めてこの文章には一定の意味が生じる。意味が果汁によるあぶりだしの文字か積乱雲の中の稲妻のように出現するはず。だから後で会いましょう。わがままが許されるのであればこの解説部分だけ袋とじにしてほしかった。一度だけ読んだあと捨てやすいように切り取り線をつけてほしかった。あらかじめ破り取ってほしかったがそれはきみ次第。そうした形態上のトリックが禁じられている以上ともかくいま見ているこのページから目をそむけてまっすぐに作品の冒頭に戻り最初の一語に注目してほしい。そこから始めるしかない。

あたし。単語の分かち書きをしない日本語でもこのあたしのいさぎよい単一性はいやでも即座に確定される。あたしの。あたしはみずからあたしと名乗りつつそのままあたしのという所有格に成長してその所有の対象もただちにその場に呼び出される。あたしの姉。ここですでに対ができているのは驚くべきナレーション上の経済だ。冒頭五文字で二人が登場。対あるいはカップルの瞬時の成立。それから。あたしの姉が死ぬ。こうして定義上おなじ遺伝子をもつ姉妹のうち先行する個体が死ぬことがこの物語を始めた。しかも次の文が姉は子どもをと記したその時点で読者はたちまちもうひとつのカップルの存在を知りそのカップルが失われたことがすべての起点にあったことをいやでも悟ることになる。カップルのひとつは姉妹。姉妹はどちらかが死ねばもはや姉妹ではない。カップルのもうひとつは母子。その母子がどれだけの時間差があったのかわからないほど瞬時に死んでしまった。事故により破壊されてしまった。この二つのカップルの喪失を初期条件としてそれに世界がどう対応してゆくかに物語が興味を抱いている。そこから始まる。

神星。

この作品には読解はいらないといったのは作者自身だ。読解でも注釈でもなく作品が引き金を引く別の思念を記すことしか許されないなら物語空間のフリンジに迷いこんだとき最初に思ったことから書いてみようか。それはまだ物語の漠然とした輪郭すら見えなくてこれから進んでゆく方角がわからずイベリコ豚がうろつく黒い森に捨てられたヘンゼルとグレーテルのように心細い数分間に頭をよぎった思いだ。思い浮かんだ言葉はパルテノジェネシス。ギリシャ語のパルテノス＝処女とゲネシス＝生殖からなる単語。これって処女生殖の物語？　受精なくして始まる卵子の分裂によって個体が生成することをさすそれは同質的な女たちの共同体を作り上げるための最良の道であり性の分化の決然たる否定だ。性の分化が遺伝子の多様性を保つための生物の戦略だとしたら多様性を不要とする環境においては性別も不要になる。生殖細胞のうち大きくて数が少ないものが卵子で小さくてむやみに数が多いものが精子なら卵子の制作と維持には当然それだけ多くの素材とエネルギーを要する以上どちらが貴重かといえば精子よりも卵子のほうがはるかに上なのは議論の余地がない。それでたとえば哺乳動物のレベルでは性交は完全にフィーメルズ・チョイスになり女が選択権を行使する。私やわれわれが存在するだけですでに女が女たちが勝利している。それが前提。それを極端に押し進めたのが女が女たちだけで子どもを生産し養育し社会化するそんなあり方。それに基礎を置く社会だ。

そうした社会が実際にあっても何の不都合もないように思えるがヒトという種は過去四万年くらいかけて食料獲得を経済というジャンルに順次ゆだねつつ元来一世代ごとに使い捨てにされるほかない男たちのもっとも効率のいい使用法を開発してしまった。種の再生産にとっては副次的な性でしかない男に食料の獲得や生産や流通を担当させる。無根拠が支配する交換の前線で伝統的な自然力との対決や格闘だけでなく共同体どうしの対立やその隙間を埋めるネットワークの拡大により全般化かつ恒常化してゆく戦争状態を担うエージェントとして男を消費するのだ。個体の生命を蕩尽する。経済が網状組織として全体を支配している世界では性別を超えて誰もがホモ・エコノミクスすなわち経済的人間とされそれは無性的であるふりをしても根底では無用物としての男をモデルとして想像される。生殖においての男は根本的にチープな存在なのでその無為と無意味を悟ればあとは経済活動によってリアル・ライフを埋め達成感なり充実感を味わうしかない。存在証明のためには。あるいは経済活動の極端なパロディである賭博や経済活動の避けがたい付随物であるいくさを通じて。いっぽう女たちも社会との関わりの大きな部分をホモ・エコノミクスとして生きるならその分ある意味で男のあり方に接近せざるをえない。そのあたりが冒頭でいきなりリアルに提示される。なぜならあたしもあたしの姉も転職を三度しているのだから。なぜなら姉はいつも年収アップのことを考えていたのだから。それが彼女たちのオンの世界でそれはオフの世界の抑圧の上に成立していた。というかオン／オフという区別そのものを成立させているのがオンの世界の現実原則で小説はそこからの脱落というか剝落のような事態をめざして進むつもりなのかという予感が生まれる。始まりの段階では。始まりにまだごく近い時点では。リスボンから出港した船がブラジルめざして大西洋を渡るどころかまだテージュ河の河口にすら至らないような時点では。

ところでリスク回避のための遺伝子の多様性に背をむけてでもパルテノジェネシスの夢を実現するよう人を誘う場所があるとしたらそれは現代都市だろう。われわれが了解し想像するような意味での都会だろう。潜在植生をすべて破壊し数えきれないほど多くの種の生物を絶滅させ可能なかぎりヒトにとって制御しやすいかたちに整えられた環境としての。そこでおなじ遺伝型が増殖してある同質的な愛のユートピアを作り上げる。互いが互いにとっておなじである者たちにとってはどれだけ居心地がいいことか。けれどもそんな環境も安定はつかのま。外部の自然力からの挑戦は絶えずつづきいつどんな激変が平衡状態をやぶり生息する種に試練を与えるか予測がつかない。さあ女たちはどうするか。物語に夫は存在しない。姉にもあたしにも。だんなと呼ばれる存在は姉の終わった実人生とあたしのほんものの偽記憶の中でちらりと名指されても登場というほどのことはなくて肉体をもたない。肉体をもつほどの語りの投資をぜんぜんうけない。そのせいで冒頭の一瞬この物語は女がひとりで子どもを妊娠し産み育てる話のヴァリエーションなのかと思わせたのだがじつはそこに焦点があるのではないこともすぐに明らかになった。

無用の男=夫を排除するのがパルテノジェネシスの夢だとしたらその論理を完成させつつ遺伝子の単純化と貧困化を回避して交雑の生産性に似たものを確保するための戦略はひとつしかない。アドプションつまり養子化だ。まったく別の血統との契約的接続。意志的選択。それによって頑健さを手に入れようとする。生物学的な絆ではない母子関係を成立させて。物語はまさにその方向にむかう。そしてその絆は言語的にむすばれ強化されてゆくしかないものなので二人のファースト・コンタクト以後の初めての会話の成立とか命名とか受け入れとか二人が一緒におこなう世界発見とか記憶の組み替えとかそうしたすべての言語的事件が以後ていねいに描かれてゆくことにもなる。生物学的系譜ではなく言語的系譜へ。そこで語られ記されるのは突然の出会いにより生じた偽りの母子というカップルの成立とその後の展開でそれは必然的に小さく私的で対抗的な別種の創世記となってゆくだろう。発生。創世記。ジェネシス。どんな神もなくどんな星もなくてもあたしは語りみずからカリヲのママとなり別の歴史に参入してゆく。というか歴史を創出してゆく。その観点からすれば明治と呼ばれる人物は別の社会というか別の歴史というか非正統性の存在を知らせる灯台のようなもの。またおそらく物語の出口が近づくころほのめかされる強烈なトラウマ体験に由来すると思われる少年の記憶喪失はまさに新たなジェネシスが書かれる余地をひらくための始まりの忘却にほかならなかったと思えるのだがこう述べ始めるとあまりにも作者がいらないといっていた読解に似てしまうようだ。

だからもういわない。それはいえない。いえないことだけれどあらゆる運動体はその周囲に効果を波及させるので何か飛び散るものがあることまでは否定できないし否定しても仕方がないだろう。考えが飛び散る。飛び散らせてみようか。

あらゆる小説には入口があり出口があること。

そのあいだで言語的に体験されるもの以外に小説には何もないこと。

いえるといえないのあいだの選択だけが言語的風景を造形してゆくこと。

あたしは速度の変化に極端に敏感で速度の変化を実際に体験すること。

ストップというかけ声もコンビニのミニストップも彼女の速度論に関係すること。

人は世界を単独では発見できないということ。

人は世界を一度目にはほんとうには知らず知るには反復と再発見が必要だということ。

カップルとは同時に生まれ互いを造形しながら独自性にいたるものだということ。

小説はそもそも知識を伝えず何も教えないということ。

小説とはアテンションの冒険であり試されているのはいつもそれだということ。

世界とは発見によりそのつど創成されるものだということ。

特殊な照明が現実にあふれるときも言葉はただみちている特殊なあかりと書くしかないこと。

小説の中における行動がそのまま距離の再編成につながること。

小説の中では距離は絶対ではないこと。

小説の中における回想はそのまま歴史の再生につながること。

たとえばという文の書き出しが記憶の多重性を一元化すること。
犬のほえ声はやさしいなっていうこと。
こうしたすべてが湾岸の波しぶきのように飛び散り私に飛びかかりぼくを浸したというのがおれとあたしがこの小説から得たすべてでありわれわれの暫定的な認識だった。一言でいえば。

人生は単独で生きられることはなく単数でもない。

それを結論あるいは教訓としたい。この文章は二〇一〇年の晩夏に新潟県十日町市松代とマウイ島ラハイナと小樽市オタモイ海岸で書いた。古川日出男に平和を騒擾を。

Transversal, translingual

——リービ英雄

「このような場所は本当に日本文学になりえるのか」（『我的中国』）。おそらくそれが今世紀あるいは今ミレニアムに入ってからのリービ英雄の中心的な問いであり、その場所がどこであってもリービ英雄は現実にその場所に出かけてゆきその場所の描写＝記述を試みることを基本として作品を書いてゆく。

リービ英雄の本はすべて旅を書いている。旅を描写し、考え、その認識を刻むように書きつけている。彼の何冊かの本をたてつづけに読むと、そこにみなぎる旅への意志の苛烈さに打たれ、感動し、畏怖を覚える。大げさにいうつもりはない。そして彼はそのすべてを日本語で書いた。ここまで一貫した意志に出会うことは、日本語の世界では珍しい。その意志がめざすのは歴史的に構築された境界をみずからの一回かぎりの生を賭して越えてみせるということであり、その越境の結果として日本語による文学の境界線をみずから広げてみせるということであり、端的にいって日本語がこれまでに書いたことのなかった題材と風景を自分が獲得した日本語で記述するということだった。

ここではリービ英雄の著書（小説とノンフィクションの紀行文、さまざまなエッセーや批評、対談といったジャンルにわたる）数冊をとりあげて、彼がみずからに問い、それに対する回答としてみずから記してきたものを、われわれがどのように受けとめることができるかを探りたい。

リービ英雄の作品を読むと、フィクションであれノンフィクションであれ、その多くが広義のトラヴェル・ライティングに属することは、ただちに明らかになる。だが、それではトラヴェル・ライティングとは何か。フィクションかノンフィクションかという区別をいったん無視するなら、おそらく以下のような性格があげられるだろう。

それは一人称の語りだ。

現実の土地・場所・空間の中での「私」の移動が記述される。

地名は架空のものであってはならない。日付は大まかにでも確定できなくてはならない。

移動する空間の描写とともに、「私」の数々の遭遇そのものが描写されなくてはならない。

その遭遇の中で、これまでの「私」が履歴の中で（多くは母文化・母社会・母語の中で）歴史的に身につけてきた思い込みや習慣が試練にさらされる。当然、過去が問い直される。

「私」は旅をしながら「過去」のよみがえりと過去が形成した「アイデンティティ」の動揺を

経験する。
最終的に、その旅の枠内で、こうした過去のよみがえりやアイデンティティの動揺に関する解決が得られるかどうかはわからない（というか、むしろ得られないほうが多いだろう）。その結果、フィクションであれば不安感と期待がないまぜになった中途半端な状態で「私」は未来にむかってリリースされて終わる。ノンフィクションであれば、多くはさらなる旅の続行を（別のかたち、別の場所にむかってであっても）示唆してとりあえずの終わりが提示されることになるだろう。

以上のような共通項を指摘したのちにも、おそらく小説の文章とノンフィクションの文章との差異は残るのかもしれないが、さしあたっては問題にしない。ある種の小説（リアリズムを約束事として書かれる小説、私小説を含む）は、少なくともそこに書かれていることをすべて事実とおなじレベルのものとして受けとることで初めて十全に読まれるわけだから、たとえば小説『ヘンリーたけしレウィツキーの夏の紀行』における「ヘンリーたけし」は、エッセー『我的中国』における「ぼく」とまったく同等の権利をもって実在を主張していいはずだ。もちろん、現実の書き手にとって、フィクションが与える自由度と凝集力は途方もないもので、その自由度をもって初めてとりくむことのできる層が存在することは疑わない。けれどもいったんそのような書くことの現場から身を離して見るとき、統一的にとらえられたリービ英雄のトラヴェル・ライティングは、フィクションであれノンフィクションであれ、おなじいくつかの主題へと収斂してゆき、その主題を書き表すための反復を執拗なまでにくりかえしている。

どの作品にとっても中心的な主題だが、とりわけ中国への旅が描かれるときに明らかになるのは、言語的意識だ。声に（音に）敏感であり、また文字に極度に敏感に反応するのが、リービが書く一人称の主体の特性だといっていいだろう。彼はまた光の変化にきわめて敏感であり、人の態度（声の変化、表情の変化に浮かぶ不快感やかすかな怒り）にも強く反応する。旅人とはその弱さ（充分に言葉を話せない、土地の地理や生活上の流儀を知らない）のせいで、そのヴァルネラブルな性格のせいで、いわば子供の地位を強いられるものであり、それだから子供時代の連想がふとよみがえってくることにもなる。そして周囲の大人たちが、たとえば粗暴な雰囲気を漂わせた農民やくざ的なタクシーの運転手であろうとも、それにある程度は頼って移動をつづけるしかない。旅行者の立場、外国人の立場とは、また子供の立場であり、移民の立場でもある。弱い主体の流浪は、彼を変化に対して鋭敏にし、視覚的変化は光の変化として知覚される。接触が禁じられた状態で、彼は耳と目を全開にし、その注意によって生存を図るしかないのだ。

子供と外国人に共通する課題は、模倣だといっていいだろう。模倣により、ある共通のルールにしたがうものとして、ある共同体から受け入れられる。受け入れられるまでは、大人たちの「顔色をうかがいながら」生きるしかない。そして大人とは究極的には両親であり、特に社会的ルールを設定するものとしての父親の存在が、おりにふれてよみがえるのは避けがたい。ここで父親とは、現実の（記憶の中の）父親であると同時に、彼の存在を規定する規則を担うものとしての、そして規則のまるごとの歴史性を担うものとしての、想像の父親でもある。現実と想像のそうした二重性は避けがたい。そして規則の総体としての一社会・文化とその歴史からの逃走が、父親というフィギュアとの闘争という姿をとるのは、これも理解しやすいメカニズムだろう。

声、文字、光といった主題について具体的な場面を検討するまえに、本論のタイトルであるtransversal, translingualについて説明しておこう。まずトランスヴァーサルという単語自体は、いうまでもなくフランスの精神分析家フェリックス・ガタリに借りたものだが、ぼくはそれをかなり自分勝手な使い方をしていると思う。数学用語では、それは空間と空間との交叉をいうらしい。ぼくの使い方では、それぞれ勝手な方向にむかうさまざまな線を斜めに横断しつつ、任意の点を無根拠に接続してゆくという動きを表している。たとえば地理的な接続にしても、東京＝北京＝上海という接続には驚きは少ない。東アジアの大都市を遍歴するにとどまるからだ。それに開封が加わり、あるいは津軽が加わるとき、旅の強度は一気に増幅される。またここで横断の動きと呼ぶのは単に地理的な移動だけではなく、たとえば社会階層の斜めの移動を含んでいる。中国大陸をタクシーで移動していても、高速道路を離れて農村にむかい、そこで降りて自分の足で歩きはじめるとき、出会う人も事物もどんどん代わってゆく。こうした斜めの移動によってはじめて社会の生地や歴史が露呈するのだ。トランスリングアルのほうは改めていうまでもないが、これをはっきりマルティリングアルとは別の言葉であると考えてほしい。マルティのほうはあくまでも機能と実用にかかっている。習熟度の差はあっても複数の言語を使い、生活し、表現することだ。トランスのほうはまさにトランスが表す動きによって、別言語への越境の意味を意識化しようとする。もちろん、リービ英雄にとっては、それが最大の関心事なのだ。なぜ日本語で書くのか、日本語で何を書くのか、それにどんな意味があるのか。これについても、あとでふれることにしよう。

本としては『天安門』(一九九六年、収録作品が書かれたのはそれより数年前)に始まり、『仮の水』(二〇〇八年)にいたるまで、リービ英雄はその作家としてのキャリアのほとんどの期間において、積極的に中国を書いてきた。まず、『ヘンリーたけしレウィツキーの夏の紀行』(二〇〇二年)を例にとり、特に言語意識がこの本に収められた二つの紀行小説「蚊と蠅のダンス」「ヘンリーたけしレウィツキーの夏の紀行」ではどのように扱われるかを見てみよう。

中国大陸を舞台とする以上、簡体字の意識が前面に出てくるのは避けられない。主人公は言語の音に敏感で、「四つのトーンで上下して、ヘンリーにはわかったりわからなかったりする清らかなことば」（8）を聞きながら、それを文字に変換し、さらに自分にはあまりなじみのない簡体字を想像する。車に乗せられて移動しながらも、フロントガラスに映る「大陸の文字と大陸のローマ字」を意識しつづける。けれども相手方は、どうもそれには無関心だ。たとえば「池袋」「高田馬場」といった東京の地名は、地名となって以来反応が自動化してそのもとの意味が思い浮かべられることがなくなっているとしても、もともとはあくまでも表意文字で記されている。それが中国語の感覚では、もとの日本語の音をまったく無視して「チルタイ」や「ガオディエンマーチャング」と発音される。いわば表意文字が表音文字として解釈されなおすのだ。たとえばこの齟齬にはじまり、翻訳の意識が問題化されることになる。

通訳と翻訳のちがいがある。「ヘンリーは四声を注意深く選びながら、あなたがたは書く方も話す方もだいたい翻訳（ファンイ）と言うが、日本語では細かく分別（フェンビエー）して、「翻訳」（ファンイ）と「通訳」（トングイ）、「ほんやく」と「つうやく」と言う、と言ってみた。」（24）しかしこれは冷笑を買うだけで、相手はなんとも思っていない。ここからヘンリーは翻訳をめぐる問題圏にまきこまれる。自分が久しく日本に住んでいることをどう言い表せばいいのか。「常住」（チャングジュウ）という語を使ってみるが、「自分が日本にずっといる、そのことについて、いくら漢字を連ねたところで言い表すことは果たしてできるのか」という疑問にとらわれるばかりだ。さらにちょっと先での、この通訳の「三十女」の発言についても、ニュアンスが問題にされる。日本語の地の文では「かれらはみんな二胡（エルフー）しか知らない。何もかも二胡、二胡と呼びたがるのよ」に対するヘンリーの、日本語による反応はこうだ。「三十女は『のよ』とは言わなかった。しかしかれの頭の中では『かれらはそう呼びたがるのよ』に近い音声が響いた」（33）。つまりこの段階ですでにヘンリーは完全に日本語話者／記述者としての意識をもって事態にあたっている。翻訳をめぐる議論はさらにこの通訳の女がヘンリーを「他是」（ターシル）he is のくりかえしで規定しようとして traveler であり wanderer にすぎないと呼んだとき、その wander のもとの北京語が「放浪」なのか「遊牧」なのかを決めかねるという話にもつづいてゆく。名前の二重性（この通訳の女性の中国名は俐俐、英語名は Lilian、ヘンリーの子供時代の同級生の混血の女の子の名前はグロリアだが母親は彼女を小梅《シャオメイ》と呼ぶ）という系列は、グロリアをめぐる少年時代の性的な回想がリリアンに投影されるのを許すが、一方でまたこのように言語の対応関係にまきこまれているうちに、ヘンリーにとっては元来の母語である英語自体がリアリティを喪失しはじめる。別れ際に青年にむかって Enjoy Chicago! と声をかけても、もうそれは「他国人の声を真似る腹話術師」にしか聴こえないのだ（40）。

いうまでもなく、中国語と日本語と英語の言語間の葛藤、そして中国語における繁体字と簡体字の視覚的葛藤、また北京語といくつかの方言の葛藤が、旅の具体的な体験と主人公のバイオグラフィと近現代の世界史を背景に描かれ、考察され、その中から日本語がヘンリーにとっての言語として改めて勝利を収めてゆく過程が、この紀行小説のマスター・プロットであることは疑えないだろう。日本語の勝利については次節で述べたいが、そのまえに漢字の使用がもたらす音と文字の亀裂のようなものがヘンリーの意識を深く規定し、またこの紀行小説における「描写の勝利」とでもいった事態につながっていることを指摘しておきたい。

ヘンリーの少年時代の回想は音とイメージから成っていて、言語的に鋭敏な子供らしく音も深い痕跡を残してはいるものの、映像的イメージの強さには一歩をゆずるようだ。

グロリアの家に通っていた1959年の夏に聞いていた声は、四声があったり、なかったりした。しかしすべては断片的な音としてしか残らなかった。その代わり、グロリアの横顔に庭の光が当ったことや、グロリアといっしょに大きな家の黒い板の廊下を歩き、時にはいっしょに庭へ出たことは、異様なほど鮮明に、何十年経ってもヘンリーの脳裏を離れることはなかった。(62)

これにつづく映像的記憶を読んだあとで、「蚊と蝿のダンス」の冒頭近くの、正確で丁寧な見事な描写に戻ってみると、おそらく「小説」と「ノンフィクション」の書法の違いにまで届く洞察が得られるような気がする。

ヘンリーがはじめて日本から大陸に渡り、空港からおんぼろなバスに乗ってこの大通りの今とは反対側の車線にさしかかったときには、両側とも大きな工事現場がつづいていた。白くかすんだ大空の下の歩道には、「人民」という呼び名が思わず頭に浮かんでしまう、何千人もの労働者がうずまいていた。一ブロックが一現場だった。現場の長い囲いには真赤な簡体字でスローガンが書かれ、囲いの隙間からいくつもの斜面をもった巨大なくぼみが見えた。くぼみの斜面という斜面にはおびただしい数の人が黒々と動き、列になっては石を運び、鉄パイプを担ぎ、埃をたてながら削岩機で土を掘りかえしていたのであった。囲いに書かれた一つ一つが自分の体より大きな文字、「富」と「国」の間にあいた隙間から頭をつっこみ、くぼみの中で動いているかれらの小さな姿を見おろしていると、ヘンリーの脳裏を「人民」、「農民」、「流民」とかれらの呼び名がかけめぐった。(14)

距離を置いて動く風景のように見ることのできる対象は、いわば文字に置き換えられて知覚される。それはのちに「ヘンリーたけしレウィツキーの夏の紀行」の冒頭で飛行機から見た点在する皇帝の陵や詩人の墓に「もしあそこに落ちたら巨大な墓地に墜落するようなものだ」という感慨を覚えることとも連続している。古代の墓地は大地に対する記銘だが、そこに生前の有機的肉体の何が残っているわけでもないだろう。残っているのは墓碑銘であり、つまりは文字であり、ある風景を見ても何かの音声を聞いてもそれが文字として見えてしまうことがヘンリーの精神のもっとも基本的な傾向だった。

「私は日本語で書く」というセンテンスがパフォーマティヴなものだとすれば、そのセンテンスの約束を果たすのはただ「日本語で実際に作品を書く」という行為以外にはない。そのセンテンスを翻訳して英語でいっては、意味がなくなる。私は日本語で書くと宣言し、ほんとうに書くこと。「ヘンリーたけし」はその歩みを証言する物語だとも読める。

夏の旅のあいだにヘンリーはプロポーションの狂いを二度経験する。到着したばかりのホテルの部屋で「暗くなるにつれて部屋はさらに広くなった」（106）。また農村の高い土塀に対しては「土塀が少しずつ高くなった。動いている自分の背丈が小さくなって行く、という感じがした」（124）という感覚を覚える。部屋が大きくなり、壁が高くなり、自分は小さくなり、子供に戻ってゆく。そのようにして、一九九〇年代の大陸への旅をきっかけに一九五〇年代の台中での自分の子供時代を再検討し、そこからもういちど日本語による人生の肯定へとむかおうとしているのが、この紀行小説でのヘンリーだ。回想と空想においてアイロニカルな笑いをもらすとき、彼は必ず日本語で笑う。「大陸のあの小学校の教室の壁には、輝ける天安門と、その上に太陽さながらに登る『大救星』(ダージョーシング)のご真影が掛かっているに違いない、とヘンリーはひとり、日本語の含み笑いを漏らした」(127)。あるいは「バスルームの大きな鏡の中に、薄くなった茶色の髪の下で、蛍光灯でさらに白くなった自分の顔が映っていた。/無理もない、とヘンリーは日本語で笑いを漏らした」(146)。後者の場合は、自分にむけられるアイロニカルな視線は、そのまま日本語による自己肯定の表現でもある。実際、この後者の直前には二十年前、「たけし」として日本人たちから受け入れられていたころの記憶が語られ、それと並行して、父親をめぐる回想が語られる。

その回想からわれわれにうかがえる最大の謎は、なぜ彼の父親が彼に「たけし」という名前をつけたか、というものだ。父親は大陸を逃れてやってきた中国人たちに自己紹介するときには「我姓李」(ウォシングリー)と名乗り、必ず「木子李」(ムーヅリー)とつけ加えた。名前をみずから中国語に翻訳していたわけだ(かれらのルールに合わせて)。そして父親が中国人たちから「李先生」(リーシェンシェング)と呼ばれたとき、父親が感じていたのは喜びだったとヘンリーは想像している。「李先生」と呼ばれることは、血統をもってしては所属できない中国社会にその一員として参加していることの証明だからだ。一方、ヘンリーのほうは中国とはまた所属のルールが違う日本社会に二十代の若者「たけし」として参加し、生卵を食べ、日本人とおなじようにふるまう。父親は、まるで受け継がれてゆく血統にみずからある種のズレを導入するかのように、同時に息子に絶対的な自己肯定を許す大きな贈り物として、その「たけし」という名を与えていた。「父は、当然のことのようにここにいる、とどこにも感じなかったから自分にこんな名前を与えたのか、とふっと思った」(162)。開封に住み着き中国人になってしまったユダヤ人の痕跡を探求する旅の途上で、このような認識に到達するのは、非常に大きな意味のあることだった。

その探求の途上、地中海のへりからここまで渡ってきて住み着き、李となり趙となったユダヤ人のことを思い、ここまで来たのであるからあるいはその先の島国にむかったものもいたのではないかと夢想しているとき、ヘンリーは労働者たちのグループから「老外!」(ローウェイ)と声をかけられる。当然、その前の章でたけしに対して日本人の子供たちがかけた「がいじん!」という声に呼応している。この「老外!」という声に対するヘンリーの反応はきわめて重要だ。

暑い空気に石炭のにおいが立ちこめている中を、足を早めた。すれ違ったあとに、またその声が響きつづけた。ヘンリーは胸が熱くなった。

「おれはおまえたちと同じ民族だ、同じかもしれない、同じじゃないとは言いきれない」。石炭の埃が残った喉の奥から、声が出ようとしていた。

たけしの声だった。（164―165）

すなわち、別の土地からやってきてその土地の人間に、民族に、参加する。そのように「なる」ことをヘンリーはヘンリーではなくたけしとして日本語で肯定する。これこそ、ヘンリーたけしの物語を越えて、リービ英雄の全作品にとっての提喩となりうる身振りだろう。

この短い小説が、ここから一気に終末部へと流れてゆくのだが、その動きは本当に見事だ。そんな風にして中国人になったユダヤ人たちが本当にいたのかどうかについての疑問は「可能有」（ケネングヨー）という言い方で表される。「大陸の言い方には現在形も過去形もない」ので、そんな集団は「いたかもしれない。いるかもしれない」。なることの可能性そのものが、時間を越えて肯定される。そしてついにたどりついた、シナゴーグの井戸の跡で、ヘンリーの頭に浮かぶのはまたもや日本語の文だった。


だれかが、いた。

大陸のことばが消えて、日本語の思いがヘンリーの頭に浮かんだ。

なった。
だれかが、なった。
なったことの唯一の証拠の前に、ようやく辿り着いた。
窓から、千年前からずっとあったような、よどんだ青色の光が漏れていた。
ヘンリーの頭の中で、日本語のことばが大きく、こだました。
がいじんが、
がいじんが、がいじんではなく、なった。
ヘンリーは疲労とともに何年ぶりかの落ち着きを感じた。（179）

さきほどの中国語のセンテンスを日本語に翻訳することにおいて、無時間的な可能性がもういちど歴史化されるといっていいだろう。「なった」ことの事実、歴史性を、ヘンリーは日本語において肯定する。さらに、作品の末尾で、中国人の小学生たちにかけられるWhat's your name? という問いに答えないこと、答えられないこと、において、ヘンリーはこのpre-namingの宙吊り状態に耐える決意を表明していると思える。それは応答からの逃避ではない。そこで「李先生」と答えることもヘンリーと答えることも、もはやできない。そしてたけしと答えることは、まだできないのだ。その回答は、日本語が空間を支配する、海のむこうの島国に戻ってからのことになるだろう。あるいは、このようにして書かれたこの作品、それ自体が、「ヘンリーたけしレウィツキー」という名の連なりから「たけし」を突出させる試みだったのだ。

最後に、「我的」というフレーズが強いるパラドクスについてふれて終わりにしたい。『我的中国』（二〇〇四年）は紀行文学の傑作であり、『我的日本語』（二〇一〇年）は言語に焦点をあてた自伝の傑作だ。日本語の「私小説」という呼び名とおなじ形態を作るこの「我的」というフレーズを著者が気に入っているのがわかる。『ヘンリーたけし』においては「我的民族」（ウォデミンヅー）というフレーズが使われていた。ヘンリーたけしの民族の半分、ユダヤの側は、中国にいたのだという文脈で。「我的」とは考えてみれば両義的な言い方で、それはいわば所有と所属のパラドクスを表している。あるはっきりした「我」が先行して存在し、それが何か対象物を所有する場合は、もちろんあるだろう。だが同時に、あやふやでとらえどころのない「我」が対象物に所属することによって、その所属が我にアイデンティティを与える場合も想像できる。中国とか日本語のような途方もなく大きな全体は、いうまでもなく誰にも所有することはできない。ということは、私が少しずつ私の経験領域をひろげ、その対象に移住し住み着くという姿勢を見せることが、私を変化させ新たなアイデンティティを与えることになる。

経験領域をひろげる、それにより自分が作られてゆく、という考え方は、文学の中では紀行文学(トラヴェル・ライティング)に対応する。トラヴェル・ライティングの中にも所有権が正面きって出されるものもあるが、二十世紀以降の旅でおもしろいものはすべて旅人のアイデンティティが危機にさらされ組み替えられる性格のものだと思う。そして言語の旅は人のなしうる最大の旅のひとつであり、リービ英雄の文学はその見かけにかかわらず、すべてトラヴェル・ライティングのジャンルに入るといって過言ではない。彼の言葉をそのまま引用するなら「21世紀、ぼくはこの紀行文学が重要なジャンルになりつつあると思う」のだ(『我的日本語』152)。

*二〇一一年四月、ホノルルで開催されたAssociation for Asian Studiesでのリービ英雄をめぐる発表。

過去はつねにこれから到来する

──エドゥアール・グリッサン

非血統的な継承の重要性

中村隆之　今回の『第四世紀』の訳書刊行によって、日本語に翻訳されたエドゥアール・グリッサンの作品は七冊目となります。そう考えるとグリッサンの存在感は日本語圏においてそれなりに厚みが出てきていますが、まだまだこれから読まれる余地が大いにある作家だとも言えます。日本だけでなく、世界的にもグリッサン作品が再発見されていますね。

管　啓次郎　特に英語圏では、ここ数年間でひしひしとグリッサンの影響力の高まりを感じます。もちろん、仏文系の比較文学研究者のあいだではすでによく理解されていたことだと思いますが、最近ではグリッサンに関する研究書や彼の詩の英訳──サム・クームズの『エドゥアール・グリッサン　抵抗の詩学』(二〇一八年)やグリッサンと直接関係が深かった故ジェフ・ハンフリーズによる選詩集(二〇一九年)──が相次いで刊行されている。フランス語でもフランソワ・ヌーデルマンによる浩瀚な伝記(二〇一八年)が出て、また美術の世界での注目も、キュレーターのハンス・ウルリッヒ・オブリストの努力などで非常に高まっていますね。グリッサンをよく知っていた人たちが、彼の没後に、絶対に忘れてはいけない存在なのだということを何度も繰り返し語ろうとしています。

中村　本書に関連して、作家の〈人と作品〉について簡単に説明しますと、エドゥアール・グリッサンは一九二八年、カリブ海・マルティニック島に生まれ、二〇一一年にパリで死去しました。キャリアの最初は詩を書き、やがて小説も執筆するようになったフランス語作家です。一九五八年に刊行された小説第一作『レザルド川』は、日本では二〇〇三年に恒川邦夫さんの訳で出ています。『レザルド川』は第二次世界大戦直後のマルティニックと思われる島を舞台としているのですが、この小説の幾人かの人物が今回の『第四世紀』でも登場しています。それから、グリッサンの小説では一番難しいと言われている『憤死』（一九七五年）や、私が訳しました『痕跡』（一九八一年）、『マホガニー』（一九八七年）など、どれも家系をめぐる物語になっているのですが、一連の「マルティニック・サーガ」の円環もここで閉じられていて、その次の『全＝世界』になるとマルティニックを含めた世界各地の物語を軸に幅広く展開されていく……。

『第四世紀』の原著は一九六四年で、本作から実際のマルティニックを舞台とした大河小説を志向する流れができてくるのですが、グリッサンは小説ではウィリアム・フォークナー、詩においてはサン゠ジョン・ペルスといった作家に強く影響を受けています。どちらもいわゆる人種的には異なる、つまり白人の、植民地のコンテクストでは支配者側に属する書き手ですね。本書では、マチウ・ベリューズという少年が、戦時中にパパ・ロングエという老人に会いにいき、彼から過去の話を聞くことで物語が展開されていきます。それは自分たちの始祖から現代までつづく家系の物語なのです。その意味で、グリッサンの小説の中においてはいわゆる核となる作品というわけですね。

管　『第四世紀』の全体的な構造については本書の解説にある程度書いてみましたが、要するにアフリカ系の二つの家系——ロングエ家とベリューズ家——を中心に物語が進行します。ひとつの家系は逃亡奴隷、もうひとつの家系は逃亡せずにプランテーションの中でも所有者側に一番近い位置にいた家つきの奴隷なのですが、この二つの家系は、実は先祖をたどっていくと最初にこの島に到着したときに同じ奴隷船に乗っていた、互いにライバルだと思ってきた二人の男でした。さらに、マルティニック島に来る前の過去、つまりアフリカ大陸でも彼らの間にはなにかあったらしい。物語が進むにつれてそれぞれの家系の子どもたち、孫たちといった多くの人々を巻きこみ、彼らの長くつづいてきた因縁がやがて衝撃的な殺人事件にまで発展していく……そうして四世紀の時間が過ぎていくのですが、それはわれわれが考えるような歴史的時間とは異なり、ひとつひとつの世紀がむしろトポグラフィックに、場所との関係によって理解されるものになっています。

この物語構造を背後から支えているのが、オーラル（口承的）な語りの歴史観です。これは文字によって定着された記憶とは違い、たとえば一年前、十年前、百年前の出来事に差がありません。彼らはそのような時間の中に生きている。そして、この歴史を伝えるのは口伝えの物語であり、物語の担い手としてひとりの老人――パパ・ロングエ――が出てきます。パパというのは年配の男性への尊称です。と同時に、この老人は島の知識や超能力も担っていて、薬草に関する知識だけでなく、千里眼のように遠くにある出来事を見ることができる。ケンボワズールと呼ばれる呪医、スペイン語圏ならクランデーロですね。しかも、老人の不思議な能力は歴史を超えてどんなメディアにも記憶されていないヴィジョンをも浮かび上がらせることができます。一方、マチウという少年は自分たちの島のことを知りたいと切実な思いで本を読んだりするのですが、結局文書における歴史では本当のことが何もわからず絶望的な気持ちに陥ります。そこであるとき、山に住んでいるあの老人から話を聞けば何かわかるかもしれないと考え、一種の弟子としてロングエのもとに通うようになり、島と家系の歴史の全貌を彼なりに理解するようになっていきます。

マチウとパパ・ロングエは、直接ではありませんが遠い血縁関係にある。けれども、ここでは血縁による知識の継承ではなく、ある種自分と平行関係にいる人物から歴史を学んでいく様が描かれていて、そうした非血統的な継承こそがこの作品にとって大変に重要なんですね。

中村　いわゆる「家系の物語」というと、大体において血の物語になりがちなのですが、『第四世紀』のように一見対立しあうもの同士がひとつに混ざりあっていくのがグリッサンの小説のおもしろいところですよね。また、次の『痕跡』になると、たとえば孤児の女の子が養子として家系に入りこみ、外の者が家族の一部にもなっていきます。

管　そもそも、家系という考え方自体が財産の継承と密接に関わっている。これは物理的な財産だけでなく文字記録なども含んだ、白人側・支配者側の考え方ですね。そうした歴史とは別のところに、マチウとパパ・ロングエは生きているわけです。彼らの歴史が生まれるときに非常に重要になってくるのは、自分たちとはまったく関係ない島に連れてこられて、その島のことを学びつつさまざまなグループに分かれて住みこんでいったという過程です。そして、その地に住みこんだアフリカ人たちを大きく二つに分けると、この物語のように逃亡奴隷とプランテーション側の黒人奴隷となる。この構成はすごくよく考えられていると思いますし、こういったかたちで表現されなければ決して届くことがなかった歴史の層を描き出そうとしています。それこそが、この小説の一番重要な点かもしれません。つまり、われわれの手の届きようがない歴史の層をいかに語るか。歴史記録にも出てこないし、支配者層の白人からすれば完全に忘却されたものだし、ましてや世界の他の地域にいる人間にとってはまったく窺い知ることすらできないものですが、それをなんとか小説の言語という特殊な方法で取り戻そうとした。世界史の忘却に抗して。この作品に関していえば、その構想力に強く打たれました。

中村 そうですね。『レザルド川』もそうですが、グリッサンは小説という形式で本当に途方もないことを成し遂げました。

管 これまでもアフリカ系の一族や奴隷生活についての小説として、日本ではアレックス・ヘイリーの『ルーツ』(一九七六年)がよく知られていましたが、言語の厚みが、グリッサンとはレベルがまったく違う。それはやはり、グリッサンがフォークナーの言語との対決を意識していたからでしょう。

中村 『第四世紀』の特徴として、白人で奴隷の雇い主であるラ・ロッシュの存在がとても大きい。奴隷側・黒人側の目線から彼らがなにを見てきたのか、農園主の声を、白人側の世界をしっかり小説に書きこんでいます。

管 『第四世紀』の歴史観についてもうひとついうならば、パパ・ロングエが持っている「過去の予言的ヴィジョン」がありますね。過去とはある種の未来として経験、想像し、語るしかないということ。このねじれた姿勢はグリッサンがしめした大きなポイントだと思います。つまり、過去は取り返しがつかないぐらい忘却・破壊されてしまった。でも、それをもう一度未来のものとして想像する以外に、われわれがわれわれである根拠を見出すことはできないし、そうしないと現在においてものすごく停滞したこの島の状況を次の段階へ進めることができなくなります。

さらに、この停滞感、閉塞感が小説の最後の最後でもう一回確認されるのが本当にすごい。最後になって、グリッサンはわれわれには終わりもないしそもそも始まりもなかったという言い方で物語を閉じています――「そしてこの季節に終わりはなく、おお、ないのだ、始まりも」と。最後の単語がcommencement（始まり）で、それが打ち消されている。慄然とする絶望感です。島の停滞と抑圧された過去をすべて見通した上でグリッサンはこの言葉にたどり着いたのですが、それが過去を未来のものとして想像しなくてはいけないという呼びかけにもなっている。その点がグリッサン自身の引き裂かれたところであって、大きな絶望感を持ちながらもそこに留まらず、いろいろなかたちで人々と接点をつくることでどうにか乗り越えよう、希望をつくりだそうとした。そういう意味で、グリッサンは基本的に運動の人だと言えます。彼自身がいろんな人たちとの交流の中でカリブ海全体を想像し、再創造しようとした。あるいは、そうした下地があったから、その後グリッサンがフェリックス・ガタリと出会ったときに大きく共鳴し合ったのだと思います。自分がこれまでやってきたことはリゾーム的な思考の実践だったのだ、ということを理解し、ドゥルーズやガタリのほうもすぐにグリッサンの考えに気づきました。

クレオルからアーキペラゴ、〈全 - 世界〉へ

管　『第四世紀』を翻訳するにあたって、ぼくはもともと中上健次に興味があったから、まず中上さんの小説の文体とフォークナーの日本語訳の二つをイメージしました。ぼくの中では二人の文章と、グリッサンのフランス語を日本語に訳した文章は、それぞれ見分けがつかないぐらいに似通った部分がある。また、小説とはおもしろいもので、書かれていることは実在のレベルと決して切り離すことができない。それが小説を読むときの最低限の約束であり、たとえば風景が描写されるときに小説の中に呼び出された植物や地形、鉱物はまさにそういうものとして受け取る以外ありません。ただ、そのように読んでいくと非常におもしろいことに中上の「紀州」とフォークナーの「アメリカ南部」、そしてグリッサンの「マルティニック」がまるでひとつながりの風景のように変化していくんですよ。この体験こそ、翻訳して一番報われたものだと言えますね。

また、グリッサンの小説を読んでいくうちに自分なりに気づくことがたくさんあって、たとえば『レザルド川』とチェーザレ・パヴェーゼの『青春の絆』の類似を感じました。根拠はありませんが。どちらも一群の若者たちの青春群像なのですが、彼らが政治的な企てに巻きこま

れつつそれに挫折して散り散りになっていく構造なんかはとても似ている。あるいは、言葉のレベルではアントナン・アルトーがロデーズの精神病院で書いた一連の手紙との親和性も感じる……こういった数々の着想は、作者が実際に意識していたかどうかはまったく関係なく、読者側が感じたことのほうが文学の読みにおいて権利として正しいものだとぼくは思っています。つまり、作者は自分自身の実践をはっきりと意識しているわけではない以上、読者の側がある作家の文章に別の作家との類似性を感じたのなら、その印象こそ別種の真実として大きな力を持っているのです。そうした柔軟な読みによってはじめて、いま読んでいる本とは違う別の時代の作品でさえも、われわれは横並びのものとして読むことができるようになります。

だったら、グリッサンを現代において読む意義とはなにか。ひとつにはグリッサンを語る上での重要なキーワードにもなる〈アーキペラゴ〉の思想でしょう。フランス語のアルシペルですね。グリッサンはこの世界をひとつながりの群島として捉えていましたが、その点について最近ではフランス語話者以外の人たちが英語を媒介にして反応しはじめている。ぼくがアメリカの比較文学関係の学会に出席したときにも、たとえば香港出身の研究者の口から〈アーキペラゴ〉という言葉が出てきましたが、これはかつての〈クレオル〉よりも頻繁に使われていますね。ぼくらは八〇年代からどちらの言葉も使っていましたが。要するに、地理的な視点から考えることの重要性を人々が再発見しているわけです。単に〈クレオル〉と言ってしまうと、もっとも悪い捉え方をすれば、たとえば根無し草的に放浪している人たちが生み出した文化などといった、抽象的な場しか想像できない。それは植民地主義への歴史的視点を欠いたまったくの誤解なんですけどね。それに対して、〈アーキペラゴ〉は具体的な土地がいくつもあって、そういった小さくローカルな場所が網状組織的につながっていくことによって生まれる文化の広がり、大きさをわれわれに教えてくれる――もちろん実際に島であるかどうかは関係なく。大陸の中にも島はいくらでもあるわけです。

中村　〈クレオル〉よりも〈アーキペラゴ〉の思想、たしかにそうかもしれません。ぼくの場合、グリッサンについて考えたときに〈全‐世界〉という用語をキーワードに挙げて『エドゥアール・グリッサン――〈全‐世界〉のヴィジョン』を書きました。〈全‐世界〉とはなにかというと、人間は皆ひとつの同じ世界に住んでいるというグローバルな感覚を前提として、それぞれ自分たちがこの世界の一部であり、なおかつ自分たちが生きる世界の全体のイメージを部分的に持っています。ただ、ひとりでは全体そのものを見ることはできないので、ひとりで完結せずに他者と交流していくことでそのイメージを重ねたりつなげたりしながら、永遠に終わらない世界の構想に誰もが参与している――そういった世界観のことを指しています。

グリッサンを読むことにおいて、他の研究者がこうした〈全‐世界〉論をどのように捉えているかはわかりませんが、最近のグリッサンをめぐる研究動向を見てみても、彼自身、世界各地で講演会などを行い、多くの人々と交流を持っていたことが論じられています。ただ、翻訳も含め、グリッサンがどれほど他者に向けて書いたり語ったりしてきたか、その記録がどうなっているのか誰もわからない状況にありますので、現在グリッサン研究者のあいだで世界中の資料を収集するプロジェクトを立ち上げています。グリッサン自身、翻訳を通じてもしかしたら自分の作品から別の解釈が生まれるのではないかと考えていましたから、この企画は今後グリッサンを読むことにおいてとても重要だと思います。

管――ぼくは学生のころから〈土地なき地域主義〉という言葉を用いてきました。土地という根拠を失ったわれわれが、それでも自分の生きる場所の地域性と限定をよく意識しながら、あらゆるところを島々の世界としてつなげることができないかどうか、ということです。八〇年代はじめごろからですね。そのころ、故・西江雅之先生との出会いにより、カリブ海やハワイといった島々のピジン・クレオル言語学に興味を持つようになった。さらにアメリカ大陸の先住民世界にも関心が広がるのですが、当時のアメリカでの生活において自分を支えてきた偶然のひとつに「アコマ」という名前があります。ニューメキシコ州には「アコマ」と呼ばれるプエブロ・インディアンの村があるのですが、そこはぼくの人生の中でもっとも衝撃を受けた場所。この名前がまた、偶然にもグリッサンとつながっていきます。

中村――グリッサンにとっての「アコマ」とは、カリブ海地域に原生する背の高い樹木のことになりますね。それはもともと先住民の言語に由来していると思いますが、その先住民たちの記憶と森の中へ向かっていった逃亡奴隷の記憶が重なっていく。なぜ逃亡奴隷の記憶が大事かというと、そこにはアフリカからの連続性の痕跡が保持されているからです。『第四世紀』での逃亡奴隷の家系にあるロングエの描写には呪術師などの要素も持たせていてとても神話的な雰囲気がありますが、始祖のロングエは別の小説では「否定者」（ネガトゥール）という名前で再登場しています。要するに、ヨーロッパによって強いられた歴史を拒み、新たな歴史を自らの意志で生み出そうとした人物こそ初代のロングエだったのです。そもそも、初代ロングエは島に連れてこられた最初の日から一度も奴隷になることなく逃げた、奴隷を経験していない逃亡奴隷として描かれている。とはいえ、実際にマルティニックに逃亡奴隷のコミュニティがあったかというとどうやらそういうわけではないのが小説としておもしろいところでもあります。

管　「アコマ」という名前によって、まったく関係のないアメリカン・インディアンの村とカリブ海の島が結ばれる。そういうのが好きなんです。こんな無根拠な連結こそ、われわれの世界把握の現状においてリアルな接続の可能性を示すものであり、プラスの方向で捉えることができる。どれほど小さな場所であっても、そこが他の、世界中のすべての場所を響かせているのであり、ものすごくローカルなものがじつは普遍性を持っているのだということが二十世紀の小説の中で再発見されていったわけです。かつて日本のフォークナー受容者たちのある者は、この作家はあまりに地域主義的であり普遍性を獲得できないなどと論じていたのですが、いまのわれわれからすればなぜそんな風に考えていたのかが不思議なくらいです。それぐらい、この半世紀のあいだで視野が大きく変化したのだといえますが、地域主義が普遍性を獲得できないことなどあるわけがない。あるいは、たとえばベトナム戦争においてアメリカ側ではなくベトナム側に立って考えるという道義的責任を果たせなかった状況に似たものが、グローバル化の名の下に二十世紀後半から圧倒的な勢いで増幅されてきたといえますが、いまのわれわれにはもはや地域主義が普遍主義に届かないことなどあり得ないとわかっていますし、どんな地点でも状況をしっかり見ていけば、そこから全球的な、〈全=世界〉的な問題がいろんなかたちで浮かび上がってくるはずです。まあ、単に〈普遍〉という言葉を使うから話がややこしくなっているのかもしれませんが。やはり〈普遍〉ではなく〈全=世界〉というべきですね。

中村　それがまさしく、〈アーキペラゴ〉の考え方に呼応していると思いますし、グリッサンへの関心だけでなく、管さんがこれまで考えてきた〈クレオル〉への関心自体が現在ではスタンダードな捉え方になってきているのかもしれませんね。

〈歴史〉のない世界を生きるわたしたち

中村　そもそも、管さんはグリッサンの小説の中でなぜこの『第四世紀』を訳そうと思ったのですか。なにか理由はあったのですか。

管　学部を卒業するころに出会った『レザルド川』をずっとやりたかったのですが、それは恒川邦夫さんに先を越された。それで第二作に取り組みました。単なる順番ですね（笑）。もちろん他の作品もこれから訳していきたいと思っています。

中村　現在、小説では『憤死』と『マホガニー』が翻訳され、評論では『カリブ海序説』の翻訳が進行中です。同じく評論の『ラマンタンの入江』が出版されました。そうなるとあとは『全＝世界』となるでしょうか。

管　あれって、翻訳可能なんだろうか。ぼくの場合はグリッサンの初期の評論に興味がありますから、『意識の太陽』や『詩的意図』は訳したいですね。グリッサンの詩的なヴィジョンはほとんどここに出ていますから。それと詩作品。

ぼくはもともと、グリッサンを知る以前から、古代ギリシアの自然哲学における地水火風の観念に強く惹かれるものがありました。グリッサン自身も晩年にそうした方面に思想が収斂していったようですが、それはまさに火山島にいれば誰もが実感することなのではないでしょうか。火山には火があり、島とその周りで地、水、そして風が渦巻いている。島に住むことにひとつの大きな利点があるとすれば、そうしたエレメントの闘いにつねに身がさらされていることが挙げられると思います。たとえば沖縄や八重山の人たちは、台風の接近に際してわれわれよりもはるかに敏感に反応しているはずだし、それを耐え忍ぶためのノウハウもきちんと受け継がれている。地球温暖化というのも結局は水の循環が活発になることであり、地表がエレメントの暴力にずっとさらされつづけることになる以上、温暖化が進行していけばすべての人たちがやがて感受性において〈島〉に住む人間となっていくでしょうね——われわれがいま語っている意味においての〈島〉として。〈島〉とは交通や通信が途絶されやすい場ですから、刻々と変化する状況をこれまで以上に自覚しながら生きていかざるを得なくなる。

中村　最初に言及したヌーデルマンによるグリッサンの伝記についてはいかがですか。研究者にとっては一番重要だと思われるキューバに関するエピソードなどはたいへんおもしろく読みました。

管　グリッサンの本名がマチウ・ゴダールだったと知ってびっくりしました（笑）。いろんな人たちの接点をリゾーム的に増やしていくグリッサンの生き方が、この伝記によって裏づけられていますね。ヌーデルマン自身はニューヨーク時代の、つまりグリッサン晩年の知り合いでした。彼はもともとサルトルの研究者でグリッサンとはほとんど関係がなかったのですが、ニューヨークの大学で同僚となったことでグリッサンとの親交を深めたようですね。

中村　こうした伝記が出てくることで、グリッサンの受容の仕方がまた別のステージへ入ってしまったと感じますね。ヌーデルマンの視線を通じて立ち現れるグリッサン像と、存命中のグリッサン像は個人的にはやや違う。ぼく自身、グリッサンに直接会ったことがありますのでやはり雰囲気や印象が異なりますし、伝記では人間・グリッサンがよく描かれているとは思いますが、そうした人物としてのグリッサンと詩や小説といった作品を読んで立ち上がってきたグリッサン像について、管さんとしてはなにか思うところはありますか。

管　われわれは運がいいことにグリッサンと実際に会うことができましたからね。人間は一度知ったことを取り消すことはできないわけだから、作家に会ってしまうとその印象を抜きにして読むことがもうできなくなります。それは仕方がない。生身のグリッサンの第一印象は、ものすごく体がでかい。ところが、意外なほど声が高い。また、彼はジャズが嫌いでクラシック音楽が好きだといっていたことも意外でした。

中村　ただ、この伝記も創作が含まれていることをヌーデルマン自身が述べてしまっているから、ここで書かれている内容の信憑性についてはよく考えないといけません。典拠もありませんし。事実とフィクションを混ぜるのはたしかにグリッサン的手法ですが、研究面からするとこの伝記はヌーデルマンの作品の要素が強い気がします。

管　まあ、ぼくは伝記というものをそもそも信じていませんから（笑）。どうしても嘘や伝聞が混じる。作品をしっかり読むことで自分自身の確固とした作家像を形成しないといけないでしょう。

中村　カリブ海文学という枠組みで考えると、グリッサンの他にフランツ・ファノンやエメ・セゼールといった作家がいますよね。彼らと比べると、グリッサンはアフリカ系文化の中で反応の感度が弱いように感じます。

管　そうですね。その延長のごとく、われわれも特に詩に対する反応が弱い。ただ、これはセゼールが詩人として別格過ぎるということもある。詩的言語としてのセゼールの強さは尋常ではなく、まさに二十世紀フランス語圏の詩人の最高峰といってもいいと思う。一方で、グリッサンは必ずしも詩人になりきれていない部分がある。グリッサンは詩と散文を書いていましたが、むしろ散文のほうに詩が生きていたように感じますね。これは読み手の力不足もあるかもしれませんが、グリッサンの詩だけを独立して見ていてもうまくイメージが読み取れないことがあるのに対して、セゼールの詩はひとつひとつのイメージがどんどん刺さってきます。ファノンについては、ぼくは正直なところ、あまり好きではありません。どこか嘘くさい（笑）。いや、ファノン自身という以上に、彼をとりまく英雄崇拝がうとましい。

中村　グリッサン作品の特徴として非常に思索的なことが挙げられますね。また、『第四世紀』でのパパ・ロングエの語りには比喩が多くて読んでいておもしろい。

管　逆にいえば、思索的であることで考えが散っていってしまうから、詩としてはどうしても弱くなってしまう。とはいえ、『第四世紀』のような小説が持っている最大のアポリアは、いくら口承的な世界を伝えようと思っても、作家がやれることはそれを文学言語として捉え返し、文字や言葉で表現するしかない、ということです。そうした文章は結局のところ、読者から読みにくいと思われてしまうのが残念ですね。

　ところで、こうして『第四世紀』の世界観やグリッサン、〈アーキペラゴ〉の思想について振り返っていくと、われわれの現実世界にいかに〈歴史〉がないかを考えざるを得ない。いまのわれわれがこの日本で暮らしていて、〈歴史〉のない世界で〈歴史〉のない人間としてただ生きているだけのように感じます。

中村　そのとおりです。だから現代の読者は、たとえば『日本国紀』のようなストーリーを求めてしまっている。

管　歴史を欠いた歴史を読んでそれを歴史だと思い込む、思い込ませようとする、社会になっているわけですね。もともと口承的にはっきり伝えられ記述もされていた関東大震災時の朝鮮人虐殺や従軍慰安婦といった歴史問題でさえも、フェイクだと無根拠に決めつける人たちがたくさん出てきていますから。書かれた文字記録と口承記録との対立のみならず、まったく無根拠な断片的記録やストーリーがどんどん増幅されて、最終的に大文字の歴史として勝利を収めていく……そうした現状はなんとかしないといけないと思っています。カリブ海の島でも中国の山奥にある村でも、どんなローカルなものだって自分たちと関係している。そのことを、容易にあきらめることなく、メッセージとしてはっきりとわれわれは伝えていかなくてはなりません。〈歴史〉を軽視した、都合の悪いものすべてを忘却したがっているプルトクラシー（金権）社会に対していったい何ができるのか。

中村　そうですね。特に若い人たちにこそ伝えないといけないでしょう。その意味ではグリッサンの歴史小説は、オーラルな世界の中に押し込められてきたアフロクレオルの記憶を文字で語り直す点で、今日の〈歴史〉を欠いた〈歴史〉の対極にある作品だと思います。そこに〈歴史〉の厚みと錯綜が描かれるからこそ、一読して「わかった」とはならない。

管　『第四世紀』も、たしかに若者たちが読むには難しいと思います。早わかりはできない。しかし、本にはそれぞれが要求している〈滞在時間〉がある。あっという間に読めてしまう本もあれば、ジョイスの『フィネガンズ・ウェイク』のように最低でも七百時間くらい滞在しないと何ひとつわからない本もあります。『第四世紀』も辛抱しながら読んでいき、リニアな時間とともに進行していく語りが自分の中で組み替えられ空間化されたときにはじめて、そのすごさや意図がわかってくるはずです。長い時間をかけて何度も読んでいってほしい。文学は常に遅れてくるものだから、読者側も理解できるかどうか、焦る必要はない。島の錯綜した山々（モルヌ）を、いま自分がそこにいるかのように、想像し体験してください。

エドゥアール・グリッサン『第四世紀』管啓次郎訳、インスクリプト、二〇一九年

対話者／中村隆之　主な著書に、『フランス語圏カリブ海文学小史――ネグリチュードからクレオール性まで』（風響社、二〇一一年）、『カリブ－世界論――植民地主義に抗う複数の場所と歴史』（人文書院、二〇一三年）、『エドゥアール・グリッサン――〈全－世界〉のヴィジョン』（岩波書店、二〇一六年）、『野蛮の言説――差別と排除の精神史』（春陽堂書店、二〇二〇年）、『第二世界のカルトグラフィ』（共和国、二〇二二年）、『環大西洋政治詩学――二〇世紀ブラック・カルチャーの水脈』（人文書院、二〇二二年）ほか。主な訳書に、エドゥアール・グリッサン『フォークナー、ミシシッピ』（インスクリプト、二〇一二年）、ル・クレジオ『氷山へ』（水声社、二〇一五年）、エドゥアール・グリッサン『痕跡』（水声社、二〇一六年）ほか。

あとがき

本という物のふしぎな性格は、それがこの世のあらゆるものにつながっていることだ。少なくとも、人間の意識がおよぶあらゆるものに。ヒトが集合的に経験したすべての記憶がいずれかの本に流れこみ、個々の本からはそれを手にした人の数だけ別方向にむかう細い流れが生じる。知識も、情感も。一冊一冊の本がタイムマシンでありきわめて現実的な意識のヴィークルであることも、いうまでもない。本を大切にしよう。

本を語るときにそれを自然物にたとえたくなるのは、ぼくの趣味にすぎないのだろうか。そんなことはないと思う。本は貝殻にも花にも似ている、砂ねずみにもメタセコイアの大木にも似ている、流星にも虫を閉じこめた琥珀にも似ている。この世に存在してヒトの経験の中に入ってくるあらゆるものに似ることができるのが本なのだ。そしてそれは玉手箱でありびっくり箱であり手鏡でもある。すずめのようにチュンチュンと鳴きながら群れなして飛びたつこともある。予想をつねに裏切ってくれる。未知の海鳴りが、いつもそこから聞こえる。

ここでは本を貝殻にたとえてみたが、貝殻は意志なく意図なく自然発生することはなく、その中に住んだ貝の生命が生きてゆくために硬い住処を作り上げるわけだ。海水とのあいだの物質交換の果てに。本の作者と本との関係も、このプロセスにたとえられるのではないだろうか。できあがった貝殻から作者が出ていくとき、その空いた貝殻に読者がひっこしてくる。そして書評という行為が何に似ているかといったら、それは生け花だと思う。本という素材の一部を切り取り、それを新しいアレンジメントに投げこむ。組み合わされ配置された花たち（＝引用文たち）は、もともともっていた生命の連関の名残により、新たにつむがれた文の中でも新しく輝く。書評執筆者は一種の花道家として、さあ、見てください、といえるかたちと色合いを、限られた字数のうちに実現しようとする。そこには意味も過剰なくらいに入っているのだが、どれだけ伝わるかはわからない。最低限つたわるといいと思えるのは、論じられる元の本それ自体が、この世界に対して与えようとしていた振動。個々の本の意志、その afterglow。

今世紀に入ってからもかなりの点数の書評を書いてきたが、紙幅にはつねに物理的制限あり。本書にもそのすべてを収録することはできなかった。そもそも、データもすでに散逸しているのは、それぞれの文がいきものである以上、仕方がない。かれらは逃げていったのだ。それでもここに収めることができた書評とエッセーが、この十年あまりの自分のそれぞれの本に対するそのつどの動物的反応だとはいえるだろう。ありがとう、本たち。ありがとう、その作者たち。震災後、二年間にわたって書評委員として読売新聞に書いた文はすべてを収録することにした。一時代の新刊書という動物たちの群れに対して、一匹の犬がだいたいこれくらいの幅で反応している、というサンプルのつもりで。

錯綜をきわめたにちがいない編集を担当してくれた出版社コトニ社の後藤亨真さんに、心から感謝します。

二〇二三年四月九日、狛江

初出一覧

本と貝殻（「Crossing Lines」2022.3.24）

I　読むことにむかって

立ち話、かち渡り（「本につれられて」2022.7.3）／本のエクトプラズム（「本につれられて」2022.7.3）／横切ってもたどりつかない［プルースト］（「竹馬に乗って時を探す」2022.7.1）／詩との出会い［西脇順三郎］（「日本経済新聞」2009.6.7）／京都との出会い［林達夫］（「日本経済新聞」2009.6.14）／文体との出会い［吉田健一］（「日本経済新聞」2009.6.21）／雑学との出会い［植草甚一］（「日本経済新聞」2009.6.28）／翻訳文学との出会い［サン＝テグジュペリ、パヴェーゼ］（藤井光編『文芸翻訳入門』2017）

II　心の地形30

ハーンという驚異の群れ（「図書新聞」2009.8.15）／誰も見たことがない映画を（「図書新聞」

2009.12.5）／火山が教えるもの（「図書新聞」2010.9.25）／写真をどう語るか（「週刊朝日」2010.10.22）／そこにないものを想像する動物、われら（「週刊朝日」2011.5.27）／森と海をむすぶ視点が呼ぶ深い感動（「週刊朝日」2011.9.23）／神話が覚えていること（「ちくま」2012.1）／味覚的ポストコロニアル（「中央公論」2012.4）／運動し流通する写真（「読書人」2012.6.29）／年齢も境遇もちがう六人の「さきちゃん」とともに（「週刊現代」2013.5.4）／Nevers という土地の名の意味（「週刊朝日」2014.12.5）／牛の胃の中にある希望の大地（「週刊朝日」2015.6.5）／ウイグルの大地をみたす詩（「図書新聞」2015.7.25）／声を探し、声にすること（「読書人」2015.9.18）／「北国の少女」をくりかえし聴きながら（「群像」2015.12）／寄せては返す批判の言葉（「東京新聞」2016.3.6）／人生を変えるための小説へ（「図書新聞」2016.6.18）／グアテマラでユダヤ人として生きること（「週刊朝日」2016.9.2）／肉食について真剣に考えるために（「文学と環境」2017）／世界音楽を生きる彼女の旅（「週刊朝日」2017.1.20）／言語学小説はいかにして可能なのか（「新潮」2018.7）／現代において芭蕉を追うこと（「週刊朝日」2018.9.7）／生命をめぐる態度の変更について（「週刊朝日」2019.6.7）／気まぐれ経済のユートピアについて（「読書人」2019.10.22）／世界史の最先端を生きた島へ（「週刊朝日」2019.12.27）／みずみずしい線をまとい甦った可憐でモダンな歌、その生涯（「読書人」2020.1.24）／帰れなかった帰郷へ（「読書人」2020.9.18）／心の扉をあけると（「週刊朝日」2020.12.4）／新しい意識を本気で求めるなら（「図書新聞」2022.7.23）／蜜蜂が書いた日本語の文章を（「読書人」2022.9.30）

Ⅲ　読売書評　２０１２―２０１３

ステーキの意味論（「読売新聞」2012.1.8）／手と土の仕事について（「読売新聞」2012.1.22）／

破壊を超える言葉を（「読売新聞」2012.2.5）／言葉の究極のコラージュ（「読売新聞」2012.3.4）／装いの詩と真実（「読売新聞」2012.4.8）／見過ごされた大作家のヴィジョンについて（「読売新聞」2012.4.22）／詩という領土なき大地（「読売新聞」2012.5.6）／この土地は草に、木に（「読売新聞」2012.5.13）／驚くべき旅人の音声発見（「読売新聞」2012.5.20）／異郷を歩いてゆくカメラの旅（「読売新聞」2012.6.3）／土地の運命を一から考えること（「読売新聞」2012.6.10）／あなたの服を見せて（「読売新聞」2012.6.17）／巨匠の不思議な恋愛小説（「読売新聞」2012.7.1）／スワヒリ語世界のお話の夜へ（「読売新聞」2012.7.29）／至高の道草文学への招待（「読売新聞」2012.8.5）／映像で学ぶ科学（「読売新聞」2012.8.19）／精神分析という知のあり方について（「読売新聞」2012.9.23）／一世紀を生きた人類学者の遺産（「読売新聞」2012.9.30）／この土地をかれらと共有するために（「読売新聞」2012.10.7）／彼女はいつどこで何を考えたのか（「読売新聞」2012.10.14）／物語を超えた言葉の群れへ（「読売新聞」2012.10.21）／なつかしさのむこうにある真実への接近（「読売新聞」2012.10.28）／動物と出会うとき人は何を考えるか（「読売新聞」2012.11.4）／北の島に残る言語をめぐって（「読売新聞」2012.11.18）／代々木公園に立ちこめる記憶の霧（「読売新聞」2012.11.25）／文学が合宿にはじまるとしたら（「読売新聞」2012.12.16）／二〇一二年の三冊（「読売新聞」2012.12.23）／物語の途方もないおもちゃ箱（「読売新聞」2013.1.6）／辛さに挑み、叫べ（「読売新聞」2013.1.20）／「さんご」の謎に迷うとき（「読売新聞」2013.2.3）／小説家、あるいは仮死の身体（「読売新聞」2013.2.24）／この過剰な贈与を考えぬくために（「読売新聞」2013.3.10）／すべてがぐるぐると渦巻く海岸で（「読売新聞」2013.3.24）／廃墟の幼児たちが詩人になるとき（「読売新聞」2013.4.7）／さあ、バオバブの島国へ（「読売新聞」2013.5.5）／イディッシュ語作家が背後にもつ世界（「読売新聞」2013.6.9）／英語とは日本語にとって何だったのか（「読売新聞」2013.6.16）／人々の情動に感応する人類学へ（「読売新聞」

2013.7.14）／食物が言葉に変わるとき（「読売新聞」2013.8.4）／無人を通して歴史の層にふれる詩集（「読売新聞」2013.8.11）／われわれと共に進化してきた同伴種へのまなざし（「読売新聞」2013.8.18）／猫旅、ふたたび（「読売新聞」2013.9.8）／孤独な人生に光がさす小さな瞬間（「読売新聞」2013.9.15）／学にとりつかれた亡命ユダヤ人の肖像（「読売新聞」2013.9.29）／シルクロードの食に誘惑されて（「読売新聞」2013.10.13）／スペイン語文学が世界にもたらすもの（「読売新聞」2013.10.27）／中継せよ、と言語がいった（「読売新聞」2013.11.10）／壁はいまもある、記憶の中に（「読売新聞」2013.11.17）／宗教は世界をいかに造形してきたか（「読売新聞」2013.12.8）

IV　四つの解説、対話ひとつ

近現代からいかに出てゆくか？［ジャン＝フランソワ・リオタール］（ジャン＝フランソワ・リオタール『こどもたちに語るポストモダン』訳者あとがき、1998）／文字のやし酒に酔いながら［エイモス・チュツオーラ］（エイモス・チュツオーラ『やし酒飲み』解説、2008）／パルテノジェネシスから言語的ジェネシスへ［古川日出男］（古川日出男『ゴッドスター』解説、2010）／Transversal, translingual［リービ英雄］（Association for Asian Studies でのリービ英雄をめぐる発表。2011.4）／過去はつねにこれから到来する［エドゥアール・グリッサン］（「図書新聞」2019.10.19）

管　啓次郎

Keijiro Suga

一九五八年生まれ。詩人、比較文学研究者。明治大学理工学部教授（批評理論）。同大学院理工学研究科〈総合芸術系〉教授。一九八〇年代にリオタール『こどもたちに語るポストモダン』、マトゥラーナとバレーラ『知恵の樹』の翻訳を発表（いずれものちに、ちくま学芸文庫）。以後、フランス語・スペイン語・英語からの翻訳者として活動すると同時に『コロンブスの犬』『狼が連れだって走る月』（いずれも河出文庫）などにまとめられる批評的紀行文・エッセーを執筆する。二〇一一年、『斜線の旅』にて読売文学賞（随筆・紀行賞）受賞。二〇一〇年の第一詩集『Agend'Ars』（左右社）以後、八冊の日本語詩集と一冊の英語詩集を刊行。二十カ国以上の詩祭や大学で招待朗読をおこなってきた。二〇二一年、多和田葉子ら十四名による管啓次郎論を集めた論集『Wild Lines and Poetic Travels』（Lexington Books）が出版された。東日本大震災以後、小説家の古川日出男らと朗読劇『銀河鉄道の夜』を制作し、現在も活動をつづけている。

本と貝殻

書評／読書論

2023年6月16日　第1刷発行

著者……………………管啓次郎
発行者…………………後藤亨真
発行所…………………コトニ社
〒274-0824　千葉県船橋市前原東5-45-1-518
TEL：090-7518-8826　FAX：043-330-4933
https://www.kotonisha.com

印刷・製本…………モリモト印刷
ブックデザイン　…………宗利淳一
DTP…………………江尻智行

ISBN 978-4-910108-11-7